教育知库

具身创造式学习

——创新教学设计

陈廷华 编著

光明日報出版社

图书在版编目（CIP）数据

具身创造式学习：创新教学设计 / 陈廷华编著 . --
北京：光明日报出版社，2022.9

ISBN 978-7-5194-6809-5

Ⅰ. ①具… Ⅱ. ①陈… Ⅲ . ①生物课—教学设计—高
中 Ⅳ . ① G633.912

中国版本图书馆 CIP 数据核字（2022）第 174853 号

具身创造式学习：创新教学设计

JUSHEN CHUANGZAOSHI XUEXI:CHUANGXIN JIAOXUE SHEJI

编　　著：陈廷华

责任编辑：刘兴华　　责任校对：张月月

封面设计：中联华文　　责任印制：曹　诤

出版发行：光明日报出版社

地　　址：北京市西城区永安路 106 号，100050

电　　话：010-63169890（咨询），010-63131930（邮购）

传　　真：010-63131930

网　　址：http://book.gmw.cn

E - mail：gmrbcbs@gmw.cn

法律顾问：北京市兰台律师事务所龚柳方律师

印　　刷：三河市华东印刷有限公司

装　　订：三河市华东印刷有限公司

本书如有破损、缺页、装订错误，请与本社联系调换，电话：010-63131930

开　　本：170mm × 240mm

字　　数：192 千字　　印　　张：13

版　　次：2023 年 1 月第 1 版　　印　　次：2023 年 1 月第 1 次印刷

书　　号：ISBN 978-7-5194-6809-5

定　　价：68.00 元

目　录

第一章　对教学模式的再认识

第1节　什么是教学模式

无论是新入职教师还是具有丰富实践经验的成熟教师，了解并在教学中合理运用教学模式，都是促进其教学实现专业化、高效性的重要途径。教师如能熟练运用教学模式，把握教学的技巧，就可以帮助学生更快达成学习目标，起到事半功倍的效果。

一、教学模式的定义

“教学模式”一词首先是由美国师范教育家乔伊斯与韦尔于1972年在合

作编著的《教学模式》一书中提出的，主要观点是:“教学模式是构成课程和作业、选择教材、提示教师活动的一种范式或计划。”[1] 实际教学模式并不是一种计划，因为计划往往显得太具体，太具操作性，从而失去了理论色彩。将“模式”一词引入教学理论中，是想以此来说明在一定的教学思想或教学理论指导下建立起来的各种类型的教学活动的基本结构或框架，表现教学过程的程序性的策略体系。

从20世纪80年代中后期开始，教学模式逐渐成为我国学者教学研究的热点，已经成为较丰富而成熟的理论。综合乔伊斯、韦尔等教育家的观点，教学模式可以定义为在一定教学理论或教学思想的指导下，在实践中形成的较为稳定的教学活动结构框架和活动程序。作为结构框架，突出了教学模式从宏观上把握教学活动整体及各要素之间内部的关系和功能；作为活动程序，则突出了教学模式的有序性和可操作性。[1] 教学模式既是教学理论的具体化，又是教学经验的一种系统概括。

二、教学模式的结构因素

根据教学模式的定义，教学模式一般包括理论依据、教学目标、活动程序、支持系统、教学评价等结构因素。教学理论是教学模式的科学性、思想性和规范性的保证。教学目标是各要素的核心，它决定着教学模式的活动程序和教学活动中的师生关系性质，也是开展教学评价的重要依据。活动程序指教学活动中师生具体的操作实施规程。支持系统指教学模式发挥教学效果与教学影响的学校制度、资源与设施保障等各种条件因素。教学评价指根据教学目标设计完成教学任务的师生评价标准。

教学模式不等同于教学方法，教学模式是从整体上把握教学活动的各种关系与功能，教学方法则是具体的教与学的方法，每一种教学模式都可以衍生出多种教学方法。

教学方法是在教学活动过程中所采用的方法，是指在教学过程中，在教学模式的框架体系下，教师和学生为实现教学目的、完成教学任务而采取的教与学相互作用的活动方式的总称。它既包括教师的教法，也包括学生的学法，是教授方法与学习方法的有效组合。教学方法具有三个本质特征：①教学方法必须为实现教学目的、完成教学任务服务；②教学方法是师生共同进行教学活动所采用的教与学方式、方法；③教学方法种类、形式是多种多样的，每种方法都有自己的独特功能，不存在适用于所有教学条件的单一教学方法，只有多样化的教学方法才能帮助师生顺利达成教学目标。[2] 在这一点上，教学方法与教学模式具有共同的特征。

按照教学模式的特点，可以把中小学在教学模式中常用的方法分成以下五类：①以语言传递信息为主的方法，包括讲授法、谈话法、讨论法、读书指导法等；②以直接感知为主的方法，包括演示法、参观法等；③以实际训练为主的方法，包括练习法、实验法、实习作业法等；④以欣赏活动为主的方法，包括陶冶法等；⑤以引导探究为主的方法，包括发现法、探究法等。

教学模式是抽象教育心理学理论在教学实践中应用的中介。教学模式在教学实践中产生，是大量实践经验的高度概括和优选，又为教学实践提供了理论指导和方法支持，使教师摆脱了经验主义与教条主义的束缚，整体上把握教学规律与方法，科学施教，灵活施教。

第 2 节　教学模式的特点与应用

教学模式一般具有稳定性、指向性、操作性、完整性、灵活性等特点。稳定性是指实践中形成的教学结构与程序相对稳定，对各科教学都适合。指向性指各种教学模式的目标导向功能，反映了不同教学模式有不同的最佳适用条件。操作性是教学模式中的师生活动程序清晰、明确，操作具体。完整性是指教学模式具有完整的结构和运行体系，反映了教学模式各因素的协调统一。灵活性是指在学科教学中并没有万能的、对各种目标内容教学都优先适用的教学模式，需要结合学科内容特点和各种条件因素，灵活选用多种教学模式设计教学方法。

乔伊斯和韦尔等根据教学模式的外部形态，以及相对应的这种形态下学生认识活动的特点，把教学模式区分为以下四类：信息加工类模式、社会交往类教学模式、人格（人性）发展类教学模式和行为系统类教学模式。由于不同的教学模式具有不同的特点和优势，在实际教学中需要综合考虑，灵活运用多种模式达成教学目标，其中信息加工类教学模式在高中各学科教学中的应用比较普遍，以下主要对信息加工类教学模式的不同方法进行了列表比较，相关理论主要参考了乔伊斯、韦尔与卡尔霍恩合作编著的《教学模式》一书。

（1）信息加工类模式

信息加工类模式分类比较表见表1-1

表1-1 信息加工类模式分类比较表 [1]

种类	结构体系	特点	应用
归纳思维模式	确定并列举与主题或问题相关的数据资料→给这些数据资料分类，建构概念→生成假设，解释数据资料，提出解决问题的方法→把知识转换为能够应用到实际的技能。	学生通过收集和组织信息并进行创造性加工，归纳形成概念，教师的主要任务是对学生处理信息的过程进行控制。	该模式的基本应用是发展思维能力，适用于任何课程领域。
概念获得模式	资料呈现和概念确认→学生检验所获得的概念→学生分析获得概念的策略。	学生分析资料，提炼本质，表达定义，获得教师选择的概念。教师的作用是记录、提示线索和提供额外资料。	该模式主要用于具体概念和概念属性的获得的教学技能，以增强基本的思维能力。
图-文归纳模式	使用图片刺激学习词汇→形成并使用语音和结构→分析概括，进行词汇、句子、段落和扩展联系的阅读理解与创作→使用参考资料观察和核实数据。	学生学习的重点是利用图文转换，训练阅读和写作。教师的主要作用是清晰讲授内容，组织引导学生进行活动，并提供学习的途径和方法。	该模式在语言类教学中可以通过课程计划培养学生的阅读和写作技巧。

续表

种类	结构体系	特点	应用
科学探究模式	提供学生调查的范围和调查方法→提炼调查中的困难，形成问题→思考、确认探究中可能遇到的困难和问题→重新设计实验，找出解决困难和问题的途径。	学生是探究活动的主体，教师的作用是创设情境，提供资源，引导鼓励学生挑战证据，用于实践，把学生的注意力引向探究的过程而非结果。	在理科类特别是以实验为基础的自然科学教学中使用该模式，培养学生的科学探究与创新能力等效果显著。
记忆模式	将需要学习的材料加以组织→将需要记忆的材料进行排列→在信息和熟悉的材料之间建立联系→扩展感觉表象，使信息形象化、视觉化→反复练习，完整记忆。	学生通过多种技巧直接记忆获取事实，联系的建立是记忆模式的核心。教师的作用是帮助学生处理材料，明确关键词、联结对象并找到视觉表象。	记忆模式对于所有需要记忆的学科领域都很适用，记忆模式可以提高人们储存和恢复信息的能力，扩展想象力。
共同研讨法	方法1：将熟悉的事物陌生化，即用一种新的更具有创造性的眼光看待已有问题、观念和结果。 方法2：将陌生的事物熟悉化，即将新的、不熟悉的观念变得有意义。	学生积极投入问题研讨活动，分享经验，相互学习，创造性解决问题。教师的作用在于启动和引导共同研讨活动，鼓励不够积极的学生投入讨论，表达见解。	共同研讨法的目的在于提高个人与集体的创造性思维能力，适用于文理科的所有课程。
讲授式模式	讲解先行组织者，唤醒相关知识的意识→呈现材料，提出学习任务，明确学习材料的逻辑顺序→强化认知系统，促进主动接受学习。	学生主动投入教师组织的讲授活动，积极思考，内化学习内容。教师的作用在于系统地传授知识、思想观点，帮助学生区分与综合新内容与已有知识。	讲授式教学是一种历史较长、使用范围较广的教学模式，可使学生在较短的时间内获得较多系统的知识。

（2）社会交往类教学模式

社会交往类模式致力于学习群体的构建，发挥群体效应，整合集体的力量，实现个体学习无法达到的效果。比较著名的有戴维·约翰逊（David Jonson）和罗杰·约翰逊（Roger Johnson）创立的合作学习模式、范尼·沙夫特（Fannie Shaftel）提出的角色扮演模式等。

（3）人格（人性）发展类教学模式

在社会生活中，人们通过自身经验和所处的环境形成独特的人格和分析世界的不同视角。人格（人性）发展类教学模式是从个人发展的角度提出的教学模式，致力于通过教育改革使人们更好地认识自我、发展自我和超越自我。

（4）行为系统类教学模式

行为系统类教学模式是建立在“行为有规可循并取决于环境变量”“不良行为是后天习得”等行为主义理论基础上的教学模式，以行为修饰、行为矫正和控制为手段，学习者通过如何成功完成任务的信息对行为进行反馈与调整，发展多种技能。[1]

教学模式的合理运用促进了学生的学习，同时使教师的工作更加有效。当我们在考虑如何综合运用教学模式时，首先要综合分析特定的学生群体、特定教学内容的特点和教学目标；其次要分析各种教学模式所适用的教学情境并预测教学效果；最后要学会评估适用多种教学模式的效果。当然没有一种模式在实现所有教学目标时都具有优于其他模式的独特优势，也没有一种模式是达成具体教学目标的唯一选择。教育者要通过理论学习，反复实践，及时总结，有效组合多种教学模式，不断完善已有的教学模式，拓展新的教学模式。

第 3 节　教学模式的时代变革

教学的核心在于教学环境的创设，随着科学技术的发展和人类社会生活的变革，现有的学习环境正在以前所未有的速度向前发展，从传统的教学技术到现代化的多媒体设施，从书本媒介到数字化、网络化资源，从简单的实验操作到科学本质的探究，从单一学科知识教学到跨学科综合学习等，这一切都在考验着教师如何有效组织教学、科学规划课程、设计教学材料、指导学生在真实情境中学习。

在目前时代背景下，我们至少需要做三方面的思考：首先，如何对已有的教学模式进行系统梳理，总结经验，找到适合现代教学环境的教学方法？其次，如何对多种教学模式进行有效整合，运用不同的教学模式帮助学生形成多种学习策略，提高学习效率？最后，针对现代技术条件下学生学习中出现的新问题如游戏化倾向、思维深度不够、阅读能力下降等问题，如何与时俱进，因势利导，充分利用好电子化阅读工具等现代技术手段，结合学生认知开发多种适合时代特点的卓有成效的教学模式？

教学模式本质上是学习模式，是教师指导学生如何有效学习的模式。没有任何一种教学模式是最佳模式，为了达成多种学习目标，我们需要认识各种教学模式的理念和优势，整合原有教学模式并不断创新，创造利于学生自主学习的环境，形成有效的课程计划。比如，现代学习理论、建构主义、元认知理论、具身认知理论等能够帮助我们更好地理解教学模式的理念，开发以学生学习为主的现代教学模式。

现代学习理论认为：教师的教学与学生的学习，不应该是一对一的关系，而是一个互动的，不断产生思维新质的，不断将理解推向深度和广度的过程。学生是主动的学习者，是知识建构的“机器”；学习是知识建构与探究的过程，而不是接受和记录知识的过程；知识的标准不是其“真理性”而是其“生存力”。21世纪学与教的整体框架提出21世纪素养目标之一：学习与创新技能（批判性思维、沟通、协作、创造）。创造力本质上是拓展的、开放的、个性化的，创造力形成的关键在于把知识内化为个性化的思维过程，在知识迁移和学习作业中产生新质。因此重视学生的学习过程和学习实践，引导学生把知识内化为个人化视野中的思维工具、思维习惯，强化学习的迁移性、生成性应该成为现代课堂教学的主旋律。据此，我们在构建课堂计划时，重点是有效指引师生教学活动从以学科知识为中心的课堂转到以人的思维、想象和解决问题能力培养为中心的人脉发展的课堂。

建构主义的教学观强调：知识主要不是通过教师传授而获得，而是学习者在一定的情境和社会文化背景下，借助其他人（包括教师和学习伙伴）的帮助，利用必要的学习资料，通过意义建构的方式而获得。建构主义学习理论认为:“情境”“协作”“会话”和“意义建构”是学习环境中的四大要素。学习环境中的情境必须有利于学生对所学内容的意义建构。这就对教学设计提出了新的要求，也就是说，在建构主义学习环境下，教学设计不仅要考虑教学目标分析，还要考虑有利于学生建构意义的情境的创设问题，并把情境创设看作是教学设计的最重要的内容之一。协作发生在学习过程的始终。协作对学习资料的搜集与分析、假设的提出与验证、学习成果的评价直至意义的最终建构均有重要作用。会话是协作过程中的不可缺少环节。学习小组成员之间必须通过会话商讨如何完成规定的学习任务的计划；此外，协作学习过程也是会话过程，在此过程中，每个学习者的思维成果为整个学习群体所共享，因此会话是达到意义建构的重要手段之一。意义建构是整个学习过程的最终目标，即帮助学生深刻理解学习内容的性质、规律以及事物之间的内在联系。由此看来，获得知识的多少取决于学习者根据自身经验去建构有关知识的意义的能力，而不取决于学习者记忆和背诵教师讲授内容的能力。[3]

与建构主义学习理论及建构主义教学观相适应的教学模式为:“以学生为中心，在整个教学过程中由教师起组织者、指导者、帮助者和促进者的作用，利用情境、协作、会话等学习环境要素充分发挥学生的主动性、积极性和创造精神，最终达到使学生有效地实现对当前所学知识的意义建构的目的。”在这种模式中，学生是知识意义的建构者；教师是教学过程的组织者、指导者、意义建构的帮助者、促进者；教材所提供的知识不再是教师传授的内容，而是学生主动建构意义的对象；媒体也不再是帮助教师传授知识的手段、方法，而是被用来创设情境、进行协作学习和会话交流，即作为学生主动学习、协作式探索的认知工具。[3]

元认知理论：美国心理学家约翰拉维尔（John Flavell）于20世纪70年代提出元认知概念，他将元认知定义为反映或调节认知活动的任一方面的知识或者认知活动。安·布朗（Ann Brown）等人认为元认知是个人对认知领域的知识和控制[4]。罗伯特·斯腾伯格（Robert Sternberg）将元认知定义为关于认知的认知，认知包含对世界的知识以及运用这种知识去解决问题的策略，而元认知涉及对个人的知识和策略的监测、控制和理解[5]。

国内研究者倾向于把元认知要素分为三类：元认知知识，元认知体验和元认知监控。元认知知识是主体通过经验积累起来的关于认知活动的一般性知识，即对影响认知活动的各因素之间的相互作用以及作用的结果等方面的认识。元认知知识又包括认知主体、认知任务和认知策略三个方面。元认知体验是主体在从事认知活动时所产生的认知和情感体验。元认知监控则是指主体在进行认知活动的过程中，将自己正在进行的认知活动作为意识对象，不断地对其进行积极而自觉地监视、控制和调节的过程[6]。

具身认知理论：具身认知（embodied cognition），也有学者将其翻译为“涉身”认知（孟伟，2007），它的主要含义是指人的认知是通过身体的体验和相对应的行为活动方式而形成的。人最初的认知和心智是基于和涉及身体的，人的心智始终是具身，具身认知的观点更强调身体在人的认知过程中的重要性（Shapiro，2007），赋予身体在人的认知过程中的枢轴作用和决定性意义。

具身认知的起源和发展大致经历了以下几个阶段。

①笛卡尔的身心二元论

人在思考，而思考是一种主观体验，属于主观的世界；主观之外，又存在着一个客观的世界，二者都是一种实在，认知作为独立于身体的表征。也就是关于在信息加工中，认知“软件”和大脑“硬件”的划分，出现了“离身的心智（认知）”，认知虽然表现在包括大脑在内的身体上，但是却不依赖于身体，其功能是独立的（叶浩生，2010）。

②海德格尔的“存在”观点

人和世界是不可分割、浑然一体的。人是通过身体以某种适当的方式与世界中的其他物体进行互动，进而在这互动的过程中获得了对其他物体和对世界的认知。而在这一整个过程中，人的认知是存在于人的身体内的，人的身体是存在于世界中的。而这一思想，更是成为具身认知理论中认知、身体和环境一体化思想的重要来源。

③梅洛庞蒂的“具身主体性”观点

人的知觉的主体是身体，而身体镶嵌在世界的里面，知觉、身体和世界三者是一个统一整体，人产生知觉和认识世界，是通过人的身体和世界中的其他的物体发生互动的结果，即具身的主体性（embodied subjectivity）。人不是一个复杂的机器，也不是离身的心智，人是具有积极的和创造性的主体，其主体性也正是通过人的身体与世界中的其他物体发生互动而实现的（Fusar-Poli & StaIlghellini，2009）。[17]

④约翰逊和拉考夫的“隐喻”观点

人的心智本来就是具身的；思维在多数情况下是无意识的；人的抽象思维多是隐喻（meta PHor）的。隐喻就是指人用一个熟悉的、简单的事物来了解另一个不熟悉的、复杂的事物，而在根本上，人对一个简单的熟悉事物的认知又是依靠于人的身体，以及人的身体在与外部环境的互动中所产生的。

⑤詹姆斯的情绪理论

人的理性等抽象思维是以身体的主观经验为基础的，身体在认知和心智中具有重要作用。人的认识是和身体、相应的行为动作密切相关的，人的心智和身体并非是两种性质不同的存在，认识是人的身体和其所接触的环境通过互动而产生和发展的（叶浩生，2011）。

⑥其他的具身认知观点

传统认知心理学只强调了以人的内部心理加工过程为研究的主要对象这一研究模式，过度控制环境变量因素并且只关注个体对外部刺激所进行的心理操作，忽略了对社会文化环境因素的考虑。基于这个观点，具身认知的研究开始逐渐重视外部环境因素的作用和影响。在最新的研究中，心理学家威尔逊在分析前人研究成果的基础上，总结出了关于具身认知的具有代表性的几种观点：a. 认知发生在客观世界中，认知是情景化的认知；b. 认知系统不仅包括了人的身体，它的范围还可以扩展到与人互动的外部环境；c. 环境能够帮人们储存相关的认知信息，并且在人们需要的时候提取出来；d. 人进行认知活动的根本目的，是获得更好的指导人；e. 人的离线认知（off-line cognition）是以具体的身体为基础的，当人的认知活动脱离了具体的情景，认知活动也要受到生理结构和身体机制的限制（Wilson，2002）。

元认知与建构主义相关，连接点即大多数有效学习者能够逐渐意识到他们是如何学习的；他们拓展学习方法，并对过程进行监控。例如在科学课程教学中，不仅可以教给学生科学思维过程，而且可以利用这一过程促进学生的学习；在引导学生进行归纳学习时也培养了学生的归纳思维能力等。因此在使用教学模式时要更加关注每种模式的基础，帮助学生形成对每种模式的元认知控制，从本质上帮助学生在学习中学会建构知识。[1]

综上所述，教学模式的时代变革，是建立在相关理论基础上的对原有教学模式的推陈出新。要顺应新课程改革的要求，以核心素养为宗旨，内容聚焦大概念，教学过程重实践，学业评价促发展。教师不仅要帮助学生在复杂情境中获取信息、总结归纳、形成结论，而且要帮助学生掌握获取信息的技能，形成价值观，正确表达思想，形成科学思维方法，明确社会责任。所以教学的终极目标是教会学生如何便捷有效地学习，使学科知识成为建立学生与外部世界的关系并理解外部世界的一个重要纽带，引导学生从理解世界进入生命世界，加强跨学科知识和能力的构建，成为适应未来社会发展需求的健全的人。

第二章　教学组织新形态

——高中生物“工程坊”[7]

人才是创新的根基，创新人才的培养在教育。学校教育要大力倡导创造型人才培养，在教学组织形态等方面进行深度变革。作为一种教学组织新形态的实践尝试——高中生物“工程坊”，以学校教学组织形态变革为主线，打破单一教学组织形式和单向学习方式，从课程实施方式、教学内容的载体、教学呈现方式和操作模式、学生学习方式、教学评价的革新等多方面整体改革教学样态，大力促进学校文化创新，推动学校人才培养模式转型。

第1节　聚焦问题，探寻教学组织形态变革

核心素养视野下，如何将课程的实施有效融入教学过程，充分发挥教学的育人功能和价值，这是普通高中课程方案的应有之义，也是课程生态、教学形态以及课堂样态深度变革的关键和动因。前期调查显示，当下的学校教育和学科教学中，普遍存在一些教学结构矛盾和问题，需要广开思路，创新方式，协同破解。

一、落实立德树人根本任务，营造良好教育生态

学科教学要全面贯彻党的教育方针，落实立德树人的根本任务，必须着眼于适应未来社会发展和个人需要，化知识为智慧，化智慧为德性，实现育人模式升级转型。调查表明，现有教育生态下由于教学组织形式的标准化和单一性，课堂教学中教师的主导性甚至是控制程度仍然很高，知识的传递和反复操练仍是主流的教学方法，学生学业负担过重，与实施素质教育、全面育人的目标不相一致，不能较好地适应创造型人才培养的教学生态需求。

二、基于学科课程标准要求，破解教学突出矛盾

《普通高中生物学课程标准（2017年版2020年修订）》（以下简称《新课标》），以核心素养为宗旨，内容聚焦大概念，教学过程重实践，学业评价促发展。《新课标》理念的真正落地，首先需要处理好当今教学变革中的结构性矛盾。具体体现在：

（1）学习内容：要处理好坚持牢固的知识基础为中心与基于大概念、突出个性化拓展和应用关系的矛盾；

（2）师生关系：要处理好师生关系不对等的教学关系与不断将理解推向深度广度的互动关系的矛盾；

（3）学习方式：要处理好基于知识的了解、理解与记忆的浅层学习与基于问题驱动的高阶认知的深度学习的矛盾；

（4）学习过程：要处理好偏重知识积累的接受式学习与基于科学探究实

践活动的主动式学习的矛盾；

（5）学习评价：要处理好标准化的终结性评价与“教—学—评一致性”的多样化评价的矛盾。

三、着眼培养学科核心素养，创设实践创新空间

新课标把“生命观念”“科学思维”“科学探究”和“社会责任”作为生物学科核心素养的四个要素。对于科学探究作为科学实践的重要组成部分，《新课标》高度关注学生在学习过程中通过探究性学习活动或完成工程学任务，加深对生物学概念的理解，提升应用知识的能力，培养创新精神，进而用科学的观点、知识、思路和方法，探讨或解决现实生活中的某些问题。[8]

调查显示，普通高中生物学科学探究实践教学普遍存在以下问题，难以满足《新课标》核心素养视野下的学生成长需求。

①情境教学的简单化，制约了生物学科教学功能的充分彰显：如讲实验、背实验，只做操作性实验，不做探究性学生实验，科学探究实践活动严重不足，难以实现知识的深度建构。

②课程资源的不丰富，削弱了生物学核心课程内容学习的实践性：一些抽象的重难点知识没有相应的探究性活动与之相配套，无法实现核心课程内容的实验教学全覆盖。

③平台建设的滞后性，难以满足学生学习的时代需求：没能实现地方智力资源、科研资源、自然资源向课程资源的转化和聚集，难以满足不同群体、具有不同兴趣的学生学习的时代需求。

归纳起来，无论是基于创造力培养的课堂教学，还是核心素养视野下的生物学教学需要，其问题都聚焦于教学组织形式的标准化和单一性，导致学习内容、学习方式、学习过程、评价方式和学习情境等不能较好地满足创造型人才培养的教学生态需求。以创新教学组织形式为主线，创建高中生物“工程坊”，可以整体推动高中生物教学变革，实现育人模式的转型升级。

第2节　架构模型，整体设计高中生物“工程坊”

一、设计高中生物“工程坊”

高中生物“工程坊”是集课程平台、课程体系、教学组织与实施于一体的新型综合性教学系统工程。“工程坊”以创设新型学习环境为特征，以改进教学组织形式为主线，以提高核心素养和创造能力为目标，以项目导师制下的概念化学习体系与课程体系为学习内容，以问题驱动的高阶认知为学习策略，推动深度学习，变革学习方式，在丰富的课程资源平台中，经历有意义的学习实践，建构与创造知识，实现学习者心智转换，创新创造，以多元化全程评价促进学习者核心素养的形成。工程坊结构体系与运作方式如表2-1所示。

表2-1　工程坊结构体系与运作方式

结构维度	师生关系	学习内容	学习方式	学习过程	学习评价
组织形态	项目导师制	概念体系度	小组定制化	具身创造式	成果展示型
运作方式	项目学习分类 组建导师团队 分层学习指导 引领学生发展	梳理课程目标概念 开发项目课程体系 建构跨学科融合课程 构建项目学习体系	设计问题驱动 确立高阶认知 强化项目学习 丰富学习方式	完善资源平台 设计学习实践 创立学习情境 经历创造实践	公开成果 全程评议 多元评价 教—学—评一致性

二、规划教学组织新形态

高中生物“工程坊”为教学组织新形态的规划与实施提供了环境与课程支撑，为学生的心智转换和实践创新提供了成长的舞台。高中生物“工程坊”以项目导师制、概念体系度、小组定制化、具身创造式和成果展示型为特点，通过课程体系、综合平台和课程实施等方面的深度变革，在教学实施的内容和载体、课堂教学呈现方式和操作模式、师生角色和职能转变、学习评价目标和方式等方面改革教与学的方式，架构起工学合一、知行合一、教学合一、研学合一的课程与教学组织形态，激发学生在活动中学习、在实践中创新、在创新中创造，实现了教学组织形态的创新，整体推动高中生物教学变革。

高中生物“工程坊”项目整体目标模型如图2-1所示。

图 2-1　高中生物“工程坊”建设模型

第 3 节　有序推进，积极探索教学组织形态变革

一、创建项目导师制

心理学思路：费尔德曼（Feldman，1994）、谢维尼纳（Shavinina，2009）、帕金斯（Perkins，1995）等人认为，人不仅可以建构人类共通的认知结构，人还通过自身的个体和文化经验建构独特的知识结构和世界观，创造性就是从这种差异发展中产生的新质。因此在课程设置和教学上要为学生创造空间，鼓励学生根据自己的特长和兴趣对现实、知识和意义进行独特的建构。其最终目的是从个体知识结构兴趣点的发展独特性中产生思维内容的新质，通过差异化发展增强创造潜力。[9]

创建项目导师制：建立以任课教师导师、校外导师（高校和科研院所）、学生导师（高年级或同级优秀学生）为一体的项目学习导师制（见图2-2），根据课标要求将学习内容进行分类，配备专业化导师，形成互动的、不断产生思维新质的、促进学生自我成长的师生关系。

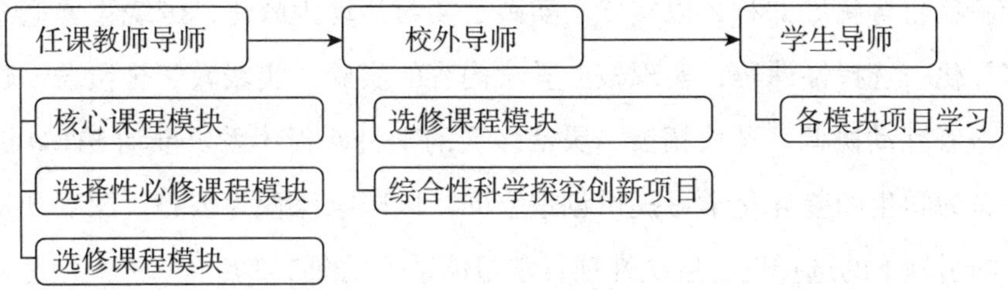

图 2-2　项目导师制

二、构建课程与学习体系

心理学思路：皮亚杰（Piaget）、斯滕伯格等人认为，儿童是在与周围环境相互作用的过程中，逐步建构起关于外部世界的知识，从而使自身认知结构得到发展的，认知个体通过同化与顺应这两种形式来达到与周围环境的平衡。个体的主动性在建构认知结构过程中起着关键作用。

建构主义的教学观强调，用真实的情境呈现问题，营造问题解决的环境，有利于帮助学生在解决问题的过程中活化知识，变事实性知识为解决问题的工具，完成对新知识的意义建构以及对原有知识经验的改造重组。核心素养是个体在解决复杂的、不确定性的现实问题过程中表现出来的综合性品质或能力，是以学科知识建构为基础，整合了情感、态度或价值观在内的，能够满足特定现实需求的综合性品质与能力。[10] 科学探究实践活动的重要性在于为学生提供了真实的问题体验情境，学生在各种复杂的活动体验中，观察现象，研究探索问题，形成猜想、假设或解释，通过一系列手段方法获取数据，对猜想或假设进行论证，综合运用归纳与概括、演绎与推理、建模、创造性思维等思维方法，阐述生命现象及规律，形成自己独特的理解和观念，最终实现从体验走向创造。

高中生物新课程内容聚焦大概念，精简容量，突出重点，强调对重要概念的深入理解。本项目以必备的“少而精”知识学习为基础，以科学探究实践活动为特色，把国家课程分布在各模块大概念下的核心概念进行有机统整，增加体验性、拓展性、实践性课程资源，融入大学先修课程、综合性科学探究创新项目等拓展课程，以实验、实践、实习活动为载体，围绕重要概念开发多样化、选择性课程，实现核心教学内容的实验、实践教学全覆盖，建立与学习者互动协调、开放拓展、灵活多变的学科课程体系。推动 STEM 课程设计，为学生的差异化学习提供创造空间，以国家课程为核心，深度开发不同导师引领下的选择性、层次性项目学习体系（见图2-3）。

项目导师制下的项目学习体系建设，大大丰富了以国家课程为核心的学校课程的种类，使有特长的学生能够开阔眼界，了解知识技术的前沿，并且发现自己，坚定志向，使人才能够脱颖而出。

项目导师制通过灵活的课程和教学区分化手段，让才学卓著的学生能够按照自己的进度、方式接触更广、更深、更前沿的内容，以便更容易成为高端创造型人才。

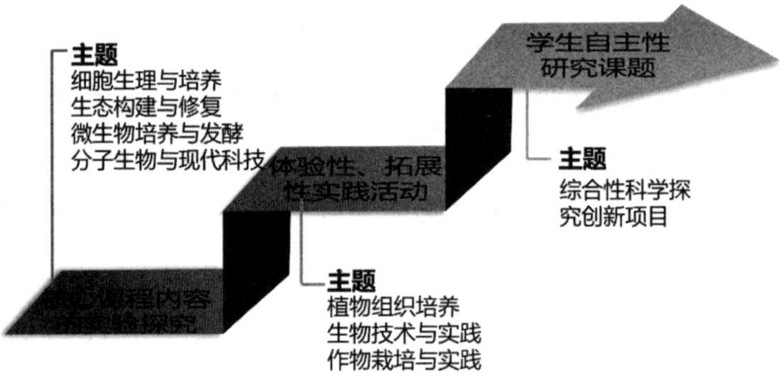

图 2-3　项目导师制下的项目学习体系

三、组建定制化学习小组

心理学思路：托兰斯（Torrance）、斯腾伯格、润克（Runco）等人认为，创造是求异倾向和冒险精神综合作用的产物，教学中要注重与创造力相关的思维方式和行为倾向的培养，从发散思维到批判思维，从思想实验到实地考察，培养思维品质和思维习惯，其中包括“非智力”因素，如批判意识、冒险精神等。[9]

组建定制化学习小组：建立知识建构创造的学习共同体，组建多层次、定制化学习小组，强化 STEM 和 PBLs（基于项目学习和基于问题解决学习两种学习方式）学习，加强基于未来社会的跨学科知识和能力构建。

定制化学习小组层次：从日常授课班→分层选修班，从集体实验课→课题研究小组，从单主题研究性学习小组→多样化学生社团。具体模式如图2–4所示。

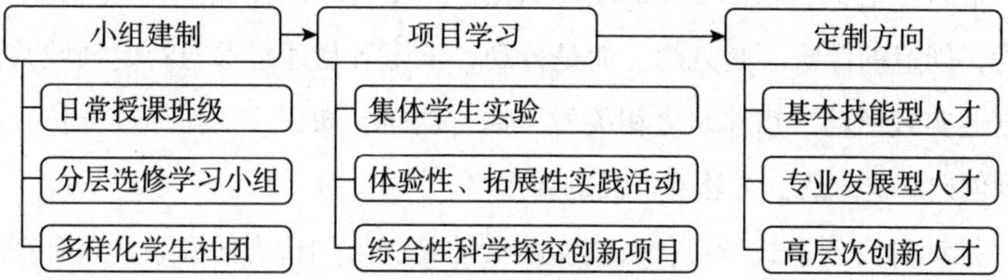

图 2–4 小组定制化建设模式

定制化学习认知策略：实现个人化、定制化学习，需要围绕问题解决的学习，设计驱动性问题，组合搭配低阶认知与高阶认知策略，强化高阶思维（见图2–5），推动深度学习。同时要为学生学习提供可拓展、开放、个性化的学习资源，以个人设计、个人制造为核心内容，努力将自己的创意变为现实，在解决问题的实践中建构知识、提高技能、培养创造能力和倾向。

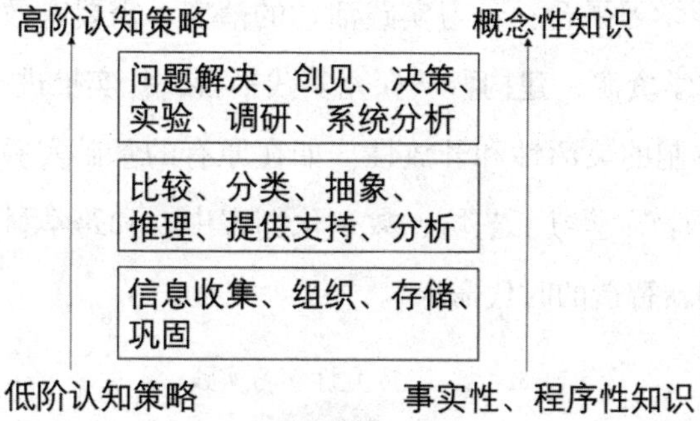

图 2–5 问题驱动的项目学习认知策略[11]

丰富学习方式：推行“学习共同体”和“PBLs”，学生学习从抽象学习到直观体验，从单向接受到主动习得，从个体学习到合作探究；教师也更多地以课程开发者、活动参与者和学生成长引路人的角色出现在课程和教学中，做学生探究“真理”的导师，引导学生不断拓展知识理解的深度和广度，启发学生思维。

四、推行具身创造式学习

心理学思路：索耶（Sawyer）、基依（Gee）、韦斯伯格（Weisberg）等人认为，创造的源头不是意念，而是行动，学习者是通过参与特定领域共同体的创造实践活动，培养与之相关的习惯、性向、知识，从而形成专长，并跃升到创造新的理念、方法和产品的新水平。[9]

推动具身创造式学习：人的实践活动是产生创造力的源泉，只有在应用的经验中，知识的目的、用途、方法才能被掌握，从而增强在今后拓展知识、灵活地应用知识的倾向（即学习的迁移）。设计有意义的学生实践活动，丰富实践形态（见图2–6），实现知识学习向科学实践、文化实践、社会实践和生活实践的转化与进阶。形成工学合一、知行合一、教学研合一，创新开放性、个性化、可拓展的课程实施路径，突出创造性思维训练，在真实情境和实际作业中形成思维的碰撞，在知识的灵活应用中产生新质，形成专长，并跃升到创造新的理念方法和产品的新水平。

建构综合性学习平台：学习实践活动的落实，需要有效整合学校、地方和科研院所的教学资源，建构科学探究实践平台，扎实推进平台的综合利用，实现学校教学体制的灵活性和开放性。如在原有的基础实验室基础上，开发建设智创中心、学具学习工艺坊、数字化创客中心和跨学科综合数字化实验室，满足学生创新智造的时代需求。

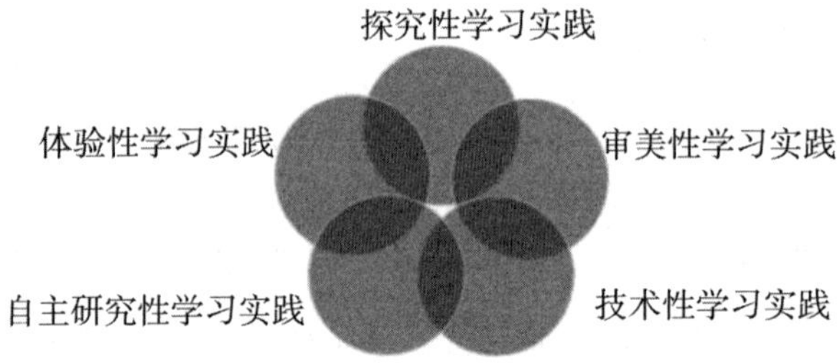

图 2–6　具身创造式学习实践形态[11]

学习实践活动的实施：在国家课程的校本化实施中，重点研究如何在课程设置、课时安排、时间保障、人员组成等方面进行合理配置，分类组织，分步实施，确保科学探究实践活动的有序开展，确保学生有充分的机会去探索感兴趣的问题，从而实现学生的学习与自己的经验、生产生活情境、实践操作紧密联系，在体验中实现知识的迁移、知识的创造和物化的智造。

五、丰富成果展示型

心理学思路：费尔德曼等人认为，创造性是个体知识结构和世界观的差异化发展中产生的新质，因此对个体的发展评价也应是多元的、差异化的动态评价。

丰富学生成果展示类型，建设专门的学生成果展示室，推广项目学习日记、实践体验报告、课题研究报告、物化智造作品等多种学习成果呈现形式，以多样化的成果体现过程性评价和全程性评价，创建一个主体多元、方法多样、既关注学业成就又重视个体进步和多方面发展的生物学课程评价体系。在评价中帮助学生认识自我、建立自信，改进学习方式，促进生物学学科核心素养的形成。

高中生物“工程坊”，以学校教学组织形态的变革为主线，整体撬动课程改革、教学变革。“工程坊”不仅是有形的“学习场”，更是建立知识建构创造的学习共同体，围绕解决问题的学习，实现学科知识的拓展和专业化。构建并实施以科学探究实践为特色的校本化课程与学习体系，可以指引师生发展方向，变革教与学的方式，促进学校文化创新，推动学校教育向创造型人才培养转型。

第三章　“具身创造式学习”模式的形成与实施

第1节　从“工程坊”到“具身创造式学习”模式

《新课标》指出：生物学课程的根本任务是提高学生终身发展所需的学科核心素养。我们认为，深化科学探究实践教学，推行具身创造式学习，是落实学科核心素养的关键。这一教学主张的提出具有一定的理论基础与实践意义。

一、主要理论基础

（一）遵循生物学学科本质的必然要求

生物学的学科本质：高中生物学是以实验为基础的自然科学，其独有的知识体系、思维方法和探究方法与生物学实验密不可分，每一个生物学实验都是科学探究实践活动的一种形式。深化科学探究实践教学是回归学科本质，发展学科素养，改革教学样态，推动生物学科教学向学科育人转型的关键。

（二）现代学习新理念的重要支撑

学习者立场的现代学习新理念认为：①学习是建构与探究的活动；②学习是真实性与情境性的活动；③学习是合作互动和社会协商的活动；④学习需要富含技术和资源的环境。

基于此，我们需要创新学习环境，丰富课程资源平台，改进教学组织形式，以问题驱动的高阶认知为学习策略，引导学生经历有意义的学习实践，进行知识的深度建构，发展科学思维，开展创新创造。

二、实践意义

《新课标》理念的真正落地，需要解决好长期以来高中生物教学存在的突出问题。

（1）教学结构矛盾突出，新课标核心素养要求难以落地。

①学习内容：坚持以牢固的知识基础为中心与基于大概念、突出个性化拓展和应用的矛盾。长期以来，坚持以牢固的知识基础为中心，以大容量的知识传授为特点的课堂并不鲜见。

②师生关系：师生不对等的教学关系与不断拓展理解的深度广度的互动关系的矛盾。老师讲，学生听，课堂教学中教师的主导性甚至是控制程度仍然很高。

③学习方式：基于知识的了解、理解与记忆的浅层学习与基于问题驱动的高阶认知的深度学习的矛盾。偏重知识的理解、结论的记忆的学习仍是主流。

④学习过程：偏重知识积累的接受式学习与以基于科学探究活动的主动学习的矛盾。调查显示，缺少亲身体验和实践经历的被动接受式学习，失去了主动思考、探索、解惑的过程，没有经历“再创造”“再探讨”的思维磨炼，学生的学习兴趣、科学思维、创新精神等将长期得不到训练和培养。

⑤学习评价：标准化的终结性评价与“教—学—评一致性”的多样化评价之间的矛盾。评价标准单一，学校教育质量以结果性评价为依据，教、学、评活动脱节，没有凸显学习经历或学习过程的评价，教了不等于学生学会了。

（2）情境教学单一，实践活动不足，学生缺少实践创新的思维情境与资源空间。

正如前述，生物学教学中实验教学的简单化、课程资源的不丰富，平台建设的滞后性等问题的存在，导致学生学习缺少体验性、情境性学习经历，不能很好地理解知识产生的过程，很难实现从符号学习到逻辑学习，再到意义学习的深度学习。

（3）跨学科融合教学的课程和内容体系尚未形成，基于未来社会需求的跨学知识与能力构建难以落实。

21世纪技能是跨学科技能，主要包括多种交流能力、创造性的问题解决能力、自我调整能力和系统思维能力等。创造式学习应该根植于多个学科领域，将各学科领域所获得的知识与方法进行迁移，能有显著促进创造性思维和行为的培养，而目前跨学科融合教学的课程和内容体系尚未形成，难以落实基于未来社会需求的跨学科知识与能力的构建。

聚焦上述问题，2012年起我校以生物科学探究基地为依托，以科学探究为特色，开展课程建设和环境建设的创新，4年后在取得一定经验的基础上逐步推广到省内外一些学校进行试点，扩大实验范围，收集数据，总结提升。2017年在前期“依托生物科学探究基地着力促进学科教学变革”项目取得江苏省教学成果奖的基础上，我校进一步凝练思想，总结创新，提出开发并实施了“教学组织新形态——高中生物工程坊”项目，以不断深化高中生物科学探究实践教学的组织与实施，改变以教师为中心的单一教学组织形式和单向学习方式。

三、“具身创造式学习”模式的形成

我校“具身创造式学习”模式的形成大致经历了三个阶段。

第一阶段是，科学探究实践教学的创新实践研究阶段（2012—2017年）。

聚焦情境教学单一，学习方式浅层化，实践活动不足等学科教学中的突出问题，我校从2012年起，以生物学学科教学改革为突破口，开展科学探究教学的创新实践研究。2013年我校成立江苏省生物科学探究课程基地，同年，江苏省十二五教育规划重点课题“生物科学探究基地的模型建构与整体推进研究”批准立项。在课题引领下，我校以生物科学探究基地为依托，以科学探究实践教学为特色，开展课程建设与环境建设的创新实施研究，经过4年的实践，形成了3项重要成果：①基于国家课程，完成了高中生物核心教学内容的模块重构；②统整地方资源，构建了科学探究实践平台；③遵循学科属性，实现了核心教学内容的实验教学全覆盖。成果在本校实践的基础上逐步推广到省内外一些学校进行试点，扩大实验范围，收集数据，总结提升。相应成果获得2017年江苏省教学成果奖特等奖（基础教育类）。

第二阶段是，教学组织新形态——高中生物“工程坊”的研究阶段（2017—2019年）。

在解决问题的实践过程中我们总结认为：现阶段教学问题的焦点在于教学组织形态的标准化和单一性，导致学习方式、学习情境、跨学科融合教学等不能较好地适应创造型人才培养的教学生态需求。2017年，我们为了进一步深化体验性、拓展性、实践性教学，开发教学组织新形态，以打破以教师为中心的单一教学组织形式和单向学习方式，提出开发教学组织新形态——高中生物“工程坊”项目。

教学组织新形态——高中生物“工程坊”是集课程平台、课程体系、教学组织与实施于一体的新型教学系统工程。“工程坊”的含义在于以项目化学习小组为学习单位，以动手、创新实践活动为特色，组织教学活动。“工程坊”项目，旨在建设有形的“学习场”，创设不同于传统学习环境的过程性、跨学科、系统性学习场域，更注重建立一种知识和能力的综合、心理与心智的交汇、技术与技能的参与、思维与素养的培植的新型学习形态，建立知识建构与创造的学习共同体。

2018年，本项目相应成果获得2018年国家级教学成果奖二等奖（基础教育类）。

第三阶段是，“具身创造式学习”的模式建构与深化实践阶段（2019年—2021年）。

2019年，在教学组织新形态——高中生物“工程坊”项目实践运行中，为了进一步突出新型学习形态的建立，凸显学生在真实情境和实际作业中的思维品质与创造力的训练，促进学生从学习体验走向学习创造（行动创新、思维创造、物化智造），我校充分总结近10年的实践经验，凝练思想，总结创新，形成特色，建构了“具身创造式学习”模式，重点开发具身创造式学习模式的具体行动策略与路径，优化师生关系，转变学习方式，围绕解决真实问题的学习，实现课程学习的拓展和专业化，力图通过“具身创造式学习”模式的实施，以学生学习方式的变革为主线，指引师生发展方向，促进学校文化创新，整体推动教学模式的不断升级和转型。

需要特别说明的是：笔者觉得把“具身创造式学习”称之为教学模式并不十分妥当。它很不成熟，尚未算得上是一种模式，可能将它当作一种新型教学组织形式更为合适，但为了表述的方便，或者作为进一步努力和完善的方向，本书暂且用教学模式来表述。

（一）什么是具身创造式学习模式?

“具身创造式学习”模式：人的知觉的主体是身体，而知觉、身体和世界三者是统一整体；人产生知觉和认识世界，是通过人的身体和世界中的其他的物体发生互动的结果。据此，“具身创造式学习”坚持让学生经历科学探究实践全过程，在具身实践中实现知识的学习理解与应用实践，也即“做中学”；同时重视让学生在知识迁移和学习作业中找到解决新问题的新方法，凸显学生在真实情境和实际作业中的思维品质与创造力训练，促进学生从实践体验走向学习创造（包括知识迁移、认识创造和物化智造），也即“学中创”。

在具体运作中，“具身创造式学习”模式通过教学组织形态的创新，在教学实施的内容和载体、课堂教学呈现方式和操作模式、师生角色和职能转变、学习评价目标和方式等方面变革学习方式，着力推动学生在真实性与情境性学习活动中，亲历科学探究实践的问题解决全过程，运用重要概念归纳概括、推理论证，实现深度学习和知识建构，并不断发现新问题，解决新问题，发展科学思维，开展创新创造。

“具身创造式学习”模式以实践活动为支撑，做到了核心课程内容的实践教学全覆盖和跨学科综合实践课程的有效实施，促使学生从知识学习向科学实践、文化实践、社会实践、生活实践的转化，有效达成人—知互动、心—智转换、思—行创造，促进学生从科学实践走向科学认识，从具身体验走向学习创造。

“具身创造式学习”模式的实质是以具身实践为特征，促进学生从科学实践走向科学认识，从实践体验走向学习创造。为了便于在教学中落实“具创造式学习”模式，我们把科学实践与科学认识进一步进行了细分，并把生物学的学科核心素养融入其中不同环节。其中，科学实践包括具身实践活动和学科能力活动，科学认识包括学科核心知识与学科认识方式（如学科典型学习方式等）。具身创造式学习既高度重视具身化、体验性实践活动，在实践中开展科学探究，发展科学思维，又强调在体验中理解与应用学科核心概念和学科认识方式，实现知识迁移，形成新的认识、思维和方法，实现科学实践与科学认识协同发展。“具身创造式学习”充分满足了学生核心素养发展和创新人才培养的教学生态要求。

（二）“具身创造式学习”模式的结构要素

模式的关键是引导学生对真实问题进行探究，方法是使他们面对某一领域的研究，帮助他们在该领域内确定一个概念性或方法论的问题，并鼓励他们设计出解释这一问题的具体方案，体验知识产生的过程，探索科学的本质，即让学生的问题解决途径与科学核心原理发生冲突。一方面，学生在解决原有问题过程中获得了对知识准确性的理解；另一方面，他们很可能了解到现存知识的局限性，从而进行质疑，并大胆假设，提出批评研究的设想（Schaubel，Klopfer & Raghaven，1991）。[1]

根据布鲁斯·乔伊斯、玛莎·韦尔和艾米莉·卡尔霍恩对教学模式的定义和阐述，结合实践过程的经验，对“具身创造式学习”模式的分解如下。

1. 教学目标

具身创造式学习模式比较适合于自然科学课程的探究性学习，在生物学教学中其核心目标是让学生学会研究生物学问题的过程与基本程序，影响学生处理各种信息的方式，培养学生自主获取知识、构建概念的能力，发展学生科学思维，开展创新创造工作。同时也可以培养学生吃苦耐劳、不怕困难、坚持到底的意志品质，严谨细致、求真务实的科研素养，积极思维、攻克难题的创新意识，分工有序、群策群力的团队合作意识。

2. 结构体系

具身创造式学习与科学探究模式在本质上是相通的，这一体系可以有多种形式，本质上具有一些要素或阶段，具备相对稳定的结构。在实践中这些要素或阶段可能以一定的顺序出现：第一阶段，提供给学生调查的范围以及调查时所使用的方法。第二阶段，学生确认调查中的困难并把它转变成问题。在这个阶段遇到的困难可能是资料的解释、资料的生成、实验的控制或参考文献的提供。第三阶段，要求学生对问题进行思考，以便确认探究中可能遇到的困难。第四阶段，学生应通过重新设计实验，以不同形式组织资料，生成资料以及发展结构等方法来澄清问题。[1]

在具身创造式学习实施过程中，我们结合生物学学科本质与特点，对上述要素和阶段进一步细化，进行优化整合与拓展，从师生关系、学习内容、学习方式、学习过程、学习评价5个维度进行创新实施，设计运作方式，组织教学活动，推动学习革新。

3. 社会系统

具身创造式学习具有开放的、合作的、严谨的研究氛围，学习过程以项目化学习为特点，以实践活动为特色，把学习目标划定为若干项目，教师首先要挑选或创设问题情境，鼓励学生独立思考，发现问题；其次要引导学生查找概念，探寻原理，分析资料，并与其他学生对话，或与教师对话，尝试设计解决问题的方法。然后，师生共同开展实践活动，并从小组活动逐步过渡到自主探究，大胆实践，挑战证据，在解决原有问题的基础上，发现新问题，解决新问题，创造新成果。在活动中学生也能够认识到自己知识与技能的不足，并努力提升进一步探索科学问题的水平，形成严谨求实的科学品质。

4. 教师作用的原则

教师与学生平等参与学习活动，教师的任务是引导学生探究而不是代替学生去做，引导的重点在于要把学生的注意力引向探究实践的过程而非结果。教师要科学设计情境，提出梯度问题激励学生收集资料，必要时提供新的信息和学习资源，让学生提出新问题，开展新实践，并不断展示实践的成果，如学生的说明、画图、建模以及实时数据采集等，实现思维可视化的过程体验。

5. 支持系统

具身创造式学习的实施需要必要的课程资源平台，以支持学生的实践经历，包括硬件资源、科研资源、环境资源等，同时需要开发与不同学校、不同年级相配套的国家课程实施方案。

6. 教学评价

具身创造式学习模式的教学目标重在培养学生在实践体验中发现问题、获取信息、科学探究、概念建构、创新创造等，突出学习经历，所以教学评价以过程性的表现性评价为主，结合学业水平测试综合评价学习的效果，特别推介教—学—评一致性学习评价。

第 2 节 “具身创造式学习”模式的教学实施

教育的首要目标是培养学生形成伴其一生的解决复杂问题的能力和素养。学生学习问题的产生，往往源于实践活动的不足，从而发现不了真实的有价值的问题，自然无法解决问题。具身创造式学习围绕解决真实问题的学习目标进行设计，高度关注学生学习过程中的实践经历，积极创造条件，为学生提供探究性的可拓展实践活动资源，并以学生学习实践活动为素材，结合学习内容的知识结构，凝练真实问题，以真实问题情境引导学生思维。

学生在实践活动中，“触及”科学现象，建立相互协作的项目化学习共同体，经历信息收集、组织、比较、分类等认知活动，在已有想法和新的以及更加复杂的想法之间架设桥梁，对生物学本质问题展开深度讨论，在问题解决中实现知识整合，形成概念观念，发展科学思维。[12]

一、创建项目导师制

项目导师源自项目化学习中教师角色的变化，从教师到导师不仅是名称的变化，而且是从学科思维到课程思维，从知识传授到素养形成的重要转变。作为学习导师，需要深刻解读课程标准，结合校情、学情对国家课程进行重整，打破原有的课时、空间限制，整合学校、地方教学资源，重构课程体系，设计学习项目，指导学生完成系统化、多样化、实践化的学习活动。

创新教学组织形式，首先要改变师生关系，打破教师在课堂中的控制作用。而创建项目导师制，可以根本转变固有的师生关系。本文所指的创建项目导师制中的项目与项目化学习中项目的范围有所不同，本文所指项目不仅仅是指特定的学习项目，而且包括课程学习、研究性学习、课堂学习等在内的所有有主题的学习活动。创建项目导师制，就是把课堂学习目标、模块学习目标、课程学习目标等进行系统划分，形成不同层级的学习项目，教学过程中配备项目导师，导师的职责是作为课程的设计者参与学生的学习活动，协调学习的过程，反馈学习的效果，在必要时协助学生解决真实的问题（如提供解决问题的支架与策略等），整个过程始终聚焦学生的学习经历，学生不再是被动地听讲与接收，而是主动地探究与感悟，自主建构知识，自我发展技能。

在项目导师制下，教师的教学与学生的学习，不再是一对一的对等关系（教什么—学什么），而是一个互动的，不断产生思维新质的，不断拓展理解的深度广度的过程。教师将教学活动从一味传授知识内容转向把知识内容放到大的学科背景、社会背景、历史背景中让学生去感受它的价值、意义、局限，成为学生探究“真理”的导师，而不是“真理”的宣讲者。

根据学习项目的层级，配备不同的项目导师，进行分层指导。如根据课标要求将学习内容进行分类，建立任课教师课程学习导师、校外课题研究导师（高校和科研院所）、学生项目研究导师（高年级或同级优秀学生）、小组互助课堂学习导师等多个层面的学习导师制，有效促进不同学习基础、不同学习能力、不同个性特长学生的相互帮助、共同进步。

课程学习导师：主要以班级为单位，为实施课程目标，为必修课程、选择性必修课程和选修课程配备的导师。导师可以包括一名至多名教师，既有校内任课教师，也有校外高校、科研机构专家等，他们在某一课程领域有专长。

课题研究导师：主要是以课题研究小组为单位，配备专业导师，主要是校外导师，一般是大学教授或研究院所专家，课题研究周期一般比较长，内容主要是高校研究课题中适合中学生参与的部分，可以实现中学教学与高校、科研院所的课题研究相对接，让学生每学期定期走进大学、科研院所实验室开展课题研究，在高校、科研院所专家、博导的直接指导下开展各种活动，拓宽视野，培养科学素养。

项目研究导师：主要是为学校开设的兴趣小组、研究性学习小组、学生会学习社团、课程超市等配备的导师，由项目小组自主聘请校内教师担任，也可以由项目发起教师直接担任，高年级或同级优秀学生往往也是项目研究中的重要的学生导师。

课堂学习导师：主要以班级为单位，每学期为日常课堂教学配备的任课教师担任导师。

小组学习导师：主要是为课堂学习中成立活动小组配备的导师，主要由学生担任，由小组成员选举产生，直接负责协调小组学习活动，进行任务分工，如制订研究计划、查找学习资料、购置实验材料、开展实验观察、撰写实验报告、数据统计分析、进行汇报交流等。

学生导师在许多活动中所起的作用是教师导师不可替代的，特别是选修课程、跨学科课程及课题研究，设立学生导师，优势明显。学生导师往往组织协调能力比较强，学习成绩比较优秀，在某些方面有专长，又始终和学生在一起活动，可以及时有效地发现问题，集思广益，分析并解决问题，或联系老师与专家解决问题。

二、构建课程与学习体系

课程是落实教育目标的核心，如何强化国家课程的核心地位，又凸显校本课程的个性特色，实现国家课程、地方课程与校本课程的有机统一，促进学生全面而有个性的发展，是课程建设的中心任务。

（一）课程—教学—学习[13]

通俗地说，课程是教师根据一定的目的，用“课”的方式，规范、引导学生学习的过程。课程不是教材，也不是学科。

专业地说，课程是一种通过教师、方案、学生三者互动以实现教育意义的专业活动，至少包括目标、内容、实施、评价四个要素。课程是一种完整的专业活动，需要经历设计、实施与评价的过程。

课程让教育专业化。课程使教育从以知识传递去向，走向以学生活动为中心，注意课程与社会生活的联系，强调学生在学习中的主动性，是一种探究性的教学。课程强调学生是主动参与者，学生是学习活动的主体，教师的职责是构建适合学生能力与兴趣的各种情境，以便为每个学生提供有意义的经验。

学校教育是基于课程方案的师生互动，包括方案、教师、学生三大要素。

方案：包括国家课程方案（课程标准、教材）、地方课程方案（地方课程）和学校课程方案（校本课程）。我国实行的三级课程管理政策，改变课程管理过于集中的状况，实行国家、地方、学校三级课程管理，增强课程对地方、学校及学生的适应性。

学校课程应以国家课程为核心，在执行国家课程和地方课程的同时，应视当地社会、经济发展的具体情况，结合本校的传统和优势、学生的兴趣和需要，开发或选用适合本校的课程，结合学情，制定不同年级、不同班级详细的国家课程实施方案。

教师—教学：教师的教学过程包括设计方案、实施方案、评估方案的效果等。

学生—学习：学生的学习过程包括获得新的知识、应用新知识等阶段。

国家新课程方案的设计和实施追求“少而精”的原则，旨在强调“以学科大概念和跨学科概念贯穿科学课程”“在真实情景中开展教学和评价，注重学生的生活经验和已有想法”“引导学生开展科学与工程学实践，发展出伴其一生的综合素养”。也就是说，其强调将学校有限的教学时间聚焦于引导学生在真实的情景中开展科学探究与实践，助其获取少数大概念和跨学科概念的深入理解，以期培养出具备理性决策能力的公民和具备创新能力的科技人才。

学校课程规划即学校依据相应的国家课程方案和本校的教育哲学，对本校学生在校的课程学习进行的整体谋划。依据国家课程方案设计与实施原则，在课程教学设计和学习活动设计方面，对发展学生学科核心素养学校课程规划提出了新的要求。

（二）学校课程规划

1. 基于教师——课程教学要求

①生物学课程要回归学科本质

基于教师的课程教学包括：设计专业的方案、实施专业的方案、评估方案的效果，方案的设计、实施与评估必须面对学科核心素养的达成。生物学作为自然科学的基础学科，既有自然科学的共同特征，又有不同于其他学科的独有特征。从这个角度理解，发展学生生物学学科核心素养，始终必须关注生物学科的学科本质，以及它的理科属性，并让学生在生物学情境中活学活用，领悟学科真谛。生物学科的学科本质是指生物学所包含的知识体系，及其本学科独有的思维方法和探究方法。[10]

②生物学课程要发展理性思维

生物学是理科，理科必须说理，必须发展理性思维。生物学科的特点在于它的实验性，让学生通过科学探究实践活动，弄清知识的来龙去脉，厘清事件间的因果关系，厘清知识的内在联系，从而有效培养学生的科学思维能力，充分展现生物学内容学习的直观性和体验性。

③生物学课程重视情境教学

建构主义的教学观强调：用真实的情境呈现问题，营造问题解决的环境，有利于帮助学生在解决问题的过程中活化知识，变事实性知识为解决问题的工具，完成对新知识的意义建构以及对原有知识经验的改造重组。[10]

生物学教学离不开三个情境：

生活、学习和实践情境。学生日常学习中已有概念、原理、判断、推理的问题情境和社会生活实践中常见的生物学相关现象或问题情境。

科学探究创新情境。主要来自真实的生物学研究的内容以及由这些内容进行知识迁移设定的情境或提出的问题，关注未知和更深入的科学创新情境。

生命科学史情境。科学史中含有丰富的生物学知识、生物学研究思路方法以及独特的社会价值。

其中科学探究创新情境尤为重要，科学探究实践活动的重要性在于为学生提供了真实的问题体验情境。这对于学生掌握科学概念，参与科学实验，理解科学本质，磨砺思维能力，履行社会责任，实现创新创造等都有积极的促进作用。

2. 基于学生——课程学习要求

基于学生的课程学习包括：秉持原有经验→丰富学习经历→获取新的知识，生物学课程要高度关注学生学习过程的实践经历，以探究为特点的主动学习要在课堂上得到充分落实，让学生在科学探究实践活动中解决实际问题，发展高阶思维；同时要让科学史和科学哲学融入学生学习过程，让学生经历科学家发现问题、分析问题、解决问题的过程，丰富科学课堂教学，激发学生学习兴趣，促进学生对科学概念和科学本质的深层理解，实现深度学习。

（三）课程体系与学习体系构建实例——基于科学探究实践活动的学校课程规划

核心素养视野下的学校课程规划，无论是课程教学要求还是学生课程学习要求，都把科学探究实践活动作为落实各项要求的根本途径。以笔者所在学校——无锡市辅仁高级中学为例，2012年7月起，我校以科学探究实践活动作为学校课程改革的核心，以国家课程为核心，深度开发和利用地方资源，重组校本课程模块，扎实开展生物学科课程改革、教学变革的创新探索和实践，教学形态、课堂样态发生了实质性的改变。

1. 课程资源的整合

生物课程资源直接影响着教师的教学方式和学生的学习方式，是决定课程规划与实施的重要因素。我们认为，在现代生物科技的迅猛发展的背景下，之前的学习平台的构建显得单一和滞后，没能实现地方智力资源、科研资源、自然资源向课程资源的转化和聚集，难以满足不同群体、不同兴趣学生学习的时代需求。

我校是无锡市一所老牌名校，对如何立足我校实际，做一些试验性教学变革，引领区域性教学转型进行了认真思考，对现有的办学资源进行了系统的梳理，依托和融入本土资源，筛选课程改革特色项目。经过系统分析认为：学校在人才资源、科研资源、自然资源方面优势明显。在百年办学历程中先后培养了包括“文化昆仑”钱钟书先生及12名两院院士在内的大批优秀学子，其中许智宏、盖钧镒、裘维蕃、秦伯益4名院士都是生命科学研究领域的杰出科学家，对母校师生有很大的影响。现今生物学科团队中拥有特级教师2人、正高级教师2人、国家教学名师1人，市教学能手6人，他们勤于学习、勇于实践、精于研究、善于创新，在开展研究性学习、开发校本教材、指导奥赛实践等方面积累了丰富的经验。

2009年，学校整体搬迁至太湖之滨，与东蠡湖一路之隔，与蠡湖“生态清淤、退渔还湖、生态修复”等工程也有了“天然”联系。周边高校和科研院所林立，有以江南大学为核心的大学城、中国水科院淡水渔业研究中心等。这些都为项目立项和推进，提供了极为便利的条件和专业的支持。

基于上述独特的人才优势、科研优势和区位优势，学校决定申报生物科学探究基地，对可利用的资源进行了合理的规划和深度统整，制定了基地建设的总目标，以“架构新型探究平台，促进学习方式转型”为核心理念，构建了课程基地总模型，赋予课程基地丰富的内涵和行动。

2. 课程结构体系

课程基地的建设中，设施是支撑，课程是灵魂。最好的课程是国家课程，在落实国家课程时，各地、各校由于硬件和自然条件不同，会遇到一些实际问题，只有因地制宜，结合地方特色，实现国家课程的有效实施，才能真正落实国家课程的核心地位。

我校以必备的“少而精”知识学习为基础，以科学探究实践活动为特色，把国家课程分布在各模块大概念下的核心概念进行有机统整，增加体验性、拓展性、实践性课程资源，融入大学先修课程、综合性科学探究创新项目等拓展课程，以实验、实践、实习活动为载体，围绕重要概念开发多样化、选择性课程，实现核心教学内容的实验、实践教学全覆盖，建立与学习者互动协调、开放拓展、灵活多变的学科课程体系（见图3–1）。

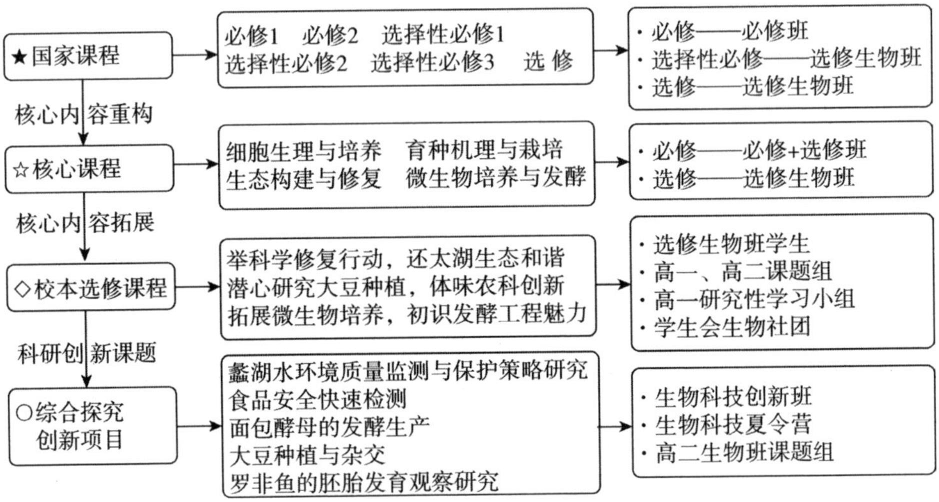

图 3–1　“生物科学探究基地”课程体系示意图

（1）重构核心课程模块，强化核心概念教学

在全面系统梳理国家课程的基础上，生物组认真整理了分布在各章节中的生物学核心概念、原理、重点、难点知识以及重要的学科能力，重组形成了富有特色的4个核心课程模块：“细胞生理与培养”“育种机理与栽培”“生态构建与修复”“微生物培养与发酵”，强化了核心概念的学习。

（2）开发辅仁特色的基地选修课程，满足个性特长发展

将核心教学内容作适当拓展，开发了3个满足学生个性特长发展的校本选修课程模块：“举科学修复行动、还太湖生态和谐”“潜心研究大豆种植、体味农科创新”“拓展微生物培养、初识发酵工程魅力”。将高中生物学核心课程内容融入校本课程的具体模块中，整合地方特色资源，科学设计实验、实习活动，实现核心课程内容的实验教学全覆盖。这些实现了整体与部分、必修与选修的统一。

（3）开发综合性科学探究创新项目，培养具有生物学科志向的高层次创新人才

在已开发核心课程和选修课程模块的基础上，结合地方优势，开发了适合中学生参与的综合性科学探究创新项目1个，包括“蠡湖水环境质量监测与保护策略研究”“食品安全快速检测”“面包酵母发酵生产”“大豆种植与杂交”“罗非鱼的胚胎发育观察研究”等，以培养学生的高阶思维和科学实践能力。

学校还发动学生、家长及社区参与课程开发，形成家、校、社区联动开发课程的机制。

课程开发以实验为载体，设计了115项科学探究实践活动，涵盖国家课程规定的20个实验，其余的实验旨在为核心教学内容服务，具有科学性、创新性、合理性、可行性。各课程的活动设计针对不同群体分类组织、分步实施、分层展开，实现了国家课程的有效实施，形成了我校以国家课程为核心的课程教学体系，对课堂教学样态的转型起到了重要的推动作用，为课程基地建设的长效发展和整体推进提供了科学依据，为学生的情境学习提供了有力保障。

三、开发定制化学习认知策略

现代学习中，需要掌握获取知识与信息的方法与能力，科学思维能够支持学生获取新知，建构观念。科学思维是智力发展的最终目标，教育的核心在于发展学生的思维，尤其是科学思维。[14]

以生物学项目学习为例，具身创造式学习，需要组建多层次、定制化学习小组，强化科学思维能力，加强基于未来社会的跨学科知识和能力构建。通过围绕问题解决的学习，创设真实实践情境，设计驱动性问题，组合搭配低阶认知与高阶认知策略，强化高阶认知思维。在实践活动中，需要能够从生物学视角获取关键信息、解释生物学现象、解决生物学问题，能够用科学准确的语言或图表等形式进行表达；能够对相关生物学问题进行科学探究；能够依据新证据得出新的结论或提出新的观点；能够综合运用批判性思维和创新思维等方法，创造性地提出解决生活生产实践及科学探究中实际问题的新思路、新方法。

聚焦思维品质的课堂教学的学习认知策略，可以从参与、互动、发展三个层面进行课程开发与教学设计。

《新课标》以核心素养为宗旨，教学过程重实践，高度关注学生学习过程中的实践经历，强调学生的学习的过程是主动参与的过程，并在教学建议中明确指出：生物学教学不仅是教师讲解和演示的过程，也是师生交流、共同发展的互动过程。[8] 参与—互动—发展是核心素养理念下的高中生物学课堂教学的典型特征，师生“积极参与”是教学活动的基本要求，是学生思维发展的基础，“交往互动”是学生主动思考，积极探索，努力解惑的课堂表征，是促进学生深度学习的关键，“全面发展”是一切教学活动的最终目标。只有参与、互动、发展三者同时满足的课堂，才能在教学中有效落实学生学科核心素养发展要求。

（一）参与——以认知参与为特征的全面参与是思维发展的基础

教学是师生积极参与交往互动共同发展的过程，课堂中的人的参与是进行一切教学活动的基础，没有师生积极参与的课堂是没有活力的课堂。学生是学习活动的主体，教师是课堂学习的组织者、引导者、合作者与促进者，有效的教学需要设计有意义的学习活动让学生参与以建构知识，学生在课堂教学中的参与度对教学目标的达成更具有积极意义。学生的参与包括行为参与、认知参与和情感参与。在实际教学中我们要注意到三种学生参与的不平衡性、三种参与具有的不同作用都会影响学习结果。单纯的行为参与能促进学生技能的发展，但并不能促进学生高层次思维能力的发展，认知参与是学生深度参与教学活动的典型特征，只有以积极的情感体验和深层次的认知参与为核心的全面参与，才能促进学生包括高层次思维在内的全面素质的提高。

以探究为特点的生物学教学具有较强的学生参与性，应该体现在每一节课堂教学中。教师的专业能力不仅表现为拥有更多的学科知识，然后清晰地呈现给学生，而且能够将目标知识转化为学生能够在其中自主探究的活动，在活动中识别学生的参与度特别是认知参与，了解知识建构进程，并适时给予适当支持。为此教师在教学活动设计中要坚持启发式教学、互动式教学和探究式教学，以具身化实践为基础，引导学生主动思考、积极提问、自主探究，留给学生充分的学习空间，形成科学认识。

以人教版《遗传与进化》第2章第2节“基因在染色体上”的教学为例，相关教学目标如下：①通过对萨顿的假说和摩尔根的果蝇杂交实验分析，认同并尝试解释基因在染色体上的结论，进一步体会假说演绎法等科学研究方法；②运用基因与染色体关系的知识，阐明孟德尔遗传规律的实质；③通过学习和体会摩尔根等科学家对孟德尔遗传规律的认同、怀疑、再认同，到发现新定律的科学研究历程，培养尊重事实、大胆质疑、勤奋实践、勇于否定自我的科学精神。

以上教学目标的达成，需要行为参与、认知参与与情感参与，其中认知参与是达成目标的关键，而认知参与情感参与往往需建立在具身化的行为参与的基础上，本节课的教材内容并未安排具体的探究性实验活动，更多的是实验的分析，行为参与不足，教师如何将目标知识转化为学生能够在其中自主探究活动呢？特做如下设计：

对基因位于染色体上的假说和实验证据、孟德尔遗传规律的现代解释等重难点知识，采用列表进行类比分析、实验设计等活动增强认知参与，借助画图及学具模型操作等体验性、探究性活动，增加行为参与和情感参与，以此来给学生创设思考、表达与实践的空间，发展理性思维和科学情感。教学流程如图3-2所示。

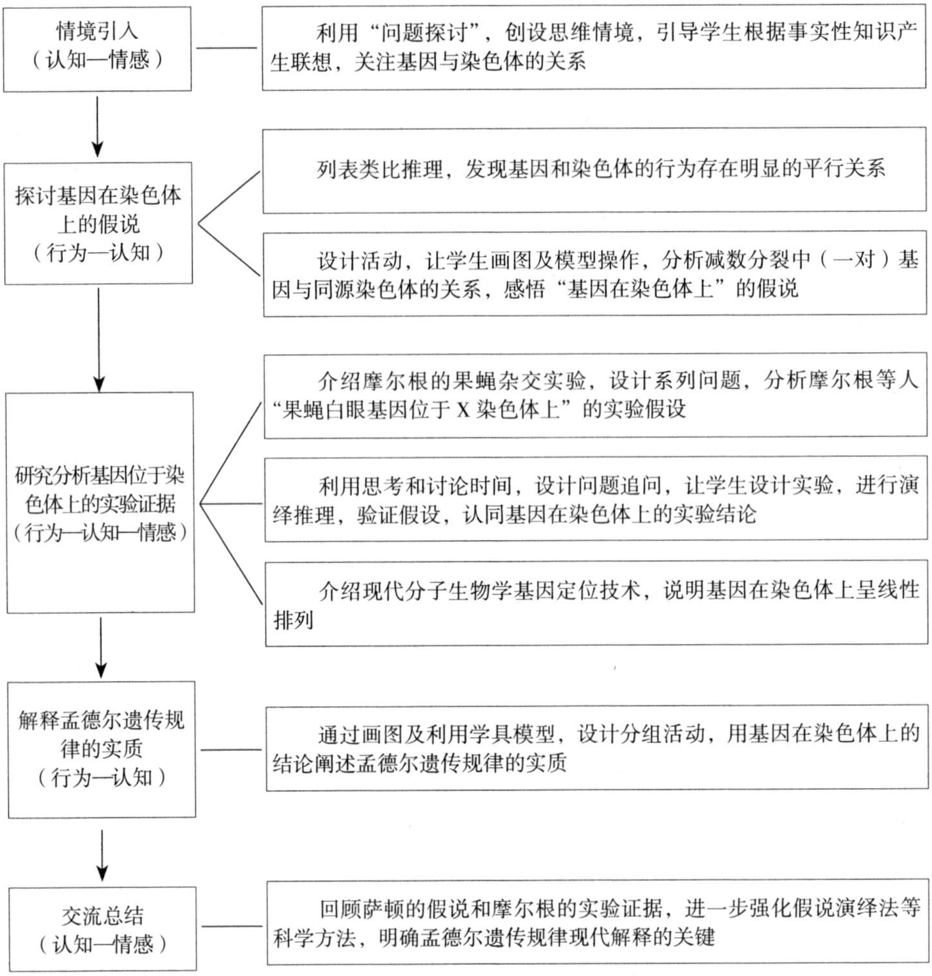
情境引入
（认知—情感）
利用“问题探讨”，创设思维情境，引导学生根据事实性知识产生联想，关注基因与染色体的关系
探讨基因在染色体上的假说
（行为—认知）
列表类比推理，发现基因和染色体的行为存在明显的平行关系
设计活动，让学生画图及模型操作，分析减数分裂中（一对）基因与同源染色体的关系，感悟“基因在染色体上”的假说
研究分析基因位于染色体上的实验证据
（行为—认知—情感）
介绍摩尔根的果蝇杂交实验，设计系列问题，分析摩尔根等人“果蝇白眼基因位于 X 染色体上”的实验假设
利用思考和讨论时间，设计问题追问，让学生设计实验，进行演绎推理，验证假设，认同基因在染色体上的实验结论
介绍现代分子生物学基因定位技术，说明基因在染色体上呈线性排列
解释孟德尔遗传规律的实质
（行为—认知）
通过画图及利用学具模型，设计分组活动，用基因在染色体上的结论阐述孟德尔遗传规律的实质
交流总结
（认知—情感）
回顾萨顿的假说和摩尔根的实验证据，进一步强化假说演绎法等科学方法，明确孟德尔遗传规律现代解释的关键

图 3-2 “基因在染色体上”教学流程

（二）互动——以同伴互动为特征的全面互动是深度学习的关键

学生的学习活动首先是参与，参与的深度与广度取决于互动。浅层学习偏重于知识的记忆与机械操练，对知识的学习停留在字面理解的信息，没有思维的深度参与。深度学习是知识建构与探究的思维活动，是在合作、对话、互动中学习，是具有真实性与情境性的社会性学习活动。合作互动进行探索的人可以包括教师、其他在所探索领域较有经验的人、同伴等。合作互动的角色是多重的，有师生互动、同伴（生生）互动、人机互动等，尤其是以同

伴互动为核心的学习和实践共同体，促进了知识分享，引发冲突，共同承担思维责任，“同伴互动”是以学生为中心的课堂教学的典型特征，在合作互动中使更多学生“在学习”，在思维创造中经历“真学习”。灵动的反馈和以同伴互动为核心的全面互动是知识建构与高阶思维形成的最有效的形式。

依据互动性教学指导思想，有效的生物课堂应该是师生互动、生生互动、心灵对话的舞台，特别是学习同伴之间的合作、交流与争鸣，是教师引领学生探奇览胜的一段精彩旅程。舞台上常常有高潮迭起，悬念频生，旅程中往往是山重水复，别有洞天。课堂上有师、生的情感和能力的投入，有师生、生生互动的交融，有思维的碰撞，有心灵的沟通，有智慧的启迪。思维的相互碰撞、相互冲突的过程中，必然会有新的问题显露，新的认知矛盾产生，新的解决问题的方法发现，从而有知识学习的完美建构。正是在冲突与争鸣中新的教学资源才得以不断生成，课堂教学才能够充满着生机，洋溢着活力。在鲜活灵动的生物课堂上，摒弃了呆板与僵硬，凸显开放性与挑战性；教学内容在保持相对确定的同时，却有着更多的变数，有时是教师的有意预设，有时则是学生的“节外生枝”。学生自然会既有计划内的收获，又有计划外的得益；课堂教学既有“有心栽花”的繁花似锦，又有“无心插柳”的岸柳成行，课堂成为学生表达、质疑、思考和交往的舞台。

以“减数分裂和受精作用”教学为例，设计好“原始生殖细胞—配子—受精卵”这一线索，以配子的形成和融合为核心，学习减数分裂的发生部位、时间、过程和结果。本部分内容细节多、难点多、疑点多，思维要求高，以教师讲授为特点的师生互动不应成为主流，否则学生的学习大多停留在简单记忆与字面理解的浅层水平。教学中应以学生的演示、观察和模拟操作活动为主，选择图片、动画、录像等辅助手段为学生提供必要的情境学习材料，教师紧扣教学内容的细节、重点和疑点，规划好适于学生讨论的深度学习问题，指导学生自主学习与合作探究，在冲突与分享中解决问题，形成减数分裂完整过程的规律性认识。教学中以下4个问题由浅入深，互动性好，常被采用。（1）细胞在进行减数分裂过程中染色体的数目及细胞核中DNA的含量怎样变化？（2）如何判别二倍体生物细胞有丝分裂、减数分裂各时期的图像？

（3）如何根据细胞质分裂情况判断细胞名称？（4）请分析减数分裂过程中染色体行为变化与孟德尔遗传规律的关系。学生在讨论过程中随时都可能根据自己的理解和兴趣提出疑问，这些提问也许使教师出乎预料，但教师如果善于“捕捉信息”，根据学生的提问敏锐地察觉到学生对概念的认知和建构程度，随时调整教学的内容、进度和难度，引导学生相互讨论和交流，增加生生互动的频率，就可以造就课堂教学中的“亮点”。

在通过学生自己尝试建构模型来模拟减数分裂过程时，在模型中操作染色体数目和行为变化，不同层次的学生肯定有不同的表现，有的甚至是错误的模拟。图3-3就是笔者在教学过程中发现的学生建构的错误模型。这些错误恰恰是不可多得的教学资源，教师如果“借题互动”，允许学生根据自己的理解建构模型，进行操作，并发表讲演，同时现场让学生相互纠错，对不同的观点引发生生讨论，以理服人，使出错者本人及其他同学都能形成共鸣，进行反思，在头脑中留下深刻的记忆。总之，通过观察、演示、演说、问题探讨、纠错质疑等多角度的同伴互动，开展具身化学习，训练学生论证技能，引发学生在做中学，说中学，教中学，悟中学，培养学生自信的品格，成为“生动活泼、自主自信的学习者”，有效促进了学生的深度学习。

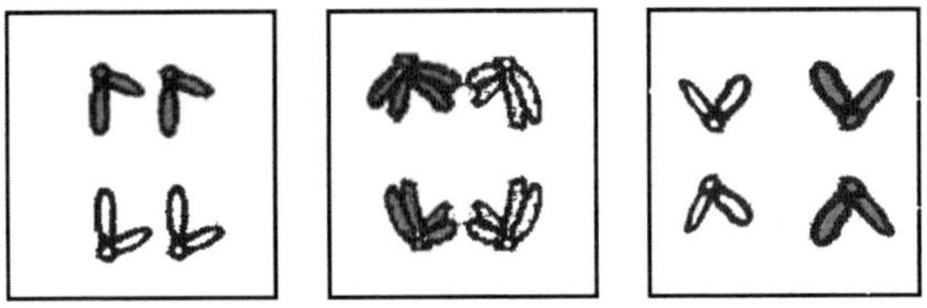

图 3-3　减数分裂模型建构常见错误

（三）发展——以科学思维发展为重点的全面发展是教学实施的目标

课程改革着眼于学生适应未来社会发展和个人生活需要，从生命观念、科学思维、科学探究和社会责任等方面发展学生的学科核心素养，通过教学活动的实施有效促进学生的全面发展是教学的基本目标和任务。如今科学成果发展迅速，新知识不断出现，我们无法精准确定哪些是学生未来人生需要的知识。因此让学生掌握足够的知识变成不易实现的目标，而促进学生理性思维发展是实现学校教育目标的更有效的途径。科学思维能够支持学生获取新知、利用知识、建构并评价假设和观点，科学思维能力一旦获得就不会失去，学生对科学进行探索、假设、实验、得出结论的过程都需要使用科学思维。[10]

在师生全面参与与多重互动的课堂中，学生是活动的主角，引发和调动学生的科学思维活动应该是生物课堂教学的中心任务。把课堂还给学生不是让学生放任自流，而是要围绕学习目标开展有意义的学习活动，所谓“形散”而“神不散”，就是要聚焦问题，丰富形式，引导思维。在国家、地方和校本课程中强化 STEM 和 PBLs 可以实现教学组织形式的变革，从而从根本上改变学生学习方式，培养科学思维，发展核心素养。PBLs 指基于项目研究学习（project based learning）和基于问题解决学习（problem based learning）两种学习方式，强调学生在任务或问题驱动下，投入较多的时间和精力主动学习。一方面强调通过问题来进行学习，把问题看作是学习的动力、起点和贯穿学习过程中的主线。另一方面通过学习来生成问题，把学习过程看成是发现问题、提出问题、分析问题和解决问题的过程。

有效的问题是思维达成的关键。问题的提出要目标明确、新颖有趣，既不能片面追求深度，又不能提出不是问题的问题，课堂上异口同声的回答很多情况下则是一种“摆设”，有价值的问题要有思维的“味道”，要有具体的思维情境，能引起学生争鸣，能启迪学生深入思考，而且能体现层次性。

如“DNA 是主要的遗传物质”的教学中，根据噬菌体侵染细菌的实验，如何准确分析结果，并得出相应的结论？以下是笔者的一次教学对话中的问题设计：

问题1：用 ^{32}P 或 ^{35}S 标记的 T_2 噬菌体分别侵染未被标记的大肠杆菌，经过短时间保温后，用搅拌器搅拌、离心，得到如下结果（采用图片展示，提供问题情境），离心的目的是什么？

学生看图比较，进行简单推理，回答问题。

问题2：由图可知，用 ^{32}P 或 ^{35}S 分别标记的二组感染实验，放射性主要分布在哪里？这一结果说明了什么？由此把学生思维引到放射性的存在部位及由此得出的结论的推导过程中。

学生推导：用^{35}S标记的一组感染实验，放射性主要分布在上清液中，^{32}P标记的一组感染实验，放射性主要分布在沉淀物中。这说明DNA是遗传物质，蛋白质不是遗传物质。

学生争鸣：针对上述学生的推导，有学生提出异议：这一实验结果不能说明DNA是遗传物质，只能说明^{32}P标记的DNA主要在沉淀物中，也就是进入细菌中，^{35}S标记的蛋白质主要在上清液中，也就是未进入细菌中。

教师肯定学生的异议，顺水推舟，生成问题。

问题3：怎样用同位素标记法才能说明某种物质是该生物的遗传物质呢？这样引导学生进行实验设计，开展科学探究，对新的问题进行思考，分析讨论解决问题的方法。

问题4：本实验的结果是细菌裂解释放的子代噬菌体中，可以检测到^{32}P标记的DNA，但检测不到^{35}S标记的蛋白质，由此可得出什么结论？教师通过问题指引学生归纳演绎，得出正确结论。

学生得出结论：亲代噬菌体将^{32}P标记的DNA传给了子代噬菌体，DNA是噬菌体的遗传物质。

至此对生命现象的认识已完全明朗，学生获得思维的满足感，但教师并未将学生的思维在此“刹车”而是进一步提出问题。

问题5：该实验能否说明蛋白质不是遗传物质？为什么？既然DNA是噬菌体的遗传物质，为什么用^{32}P标记的一组感染实验结果上清液中也有少量放射性？如果上清液中出现大量的放射性，又说明了什么？这样通过学习活动再次生成新的问题，学生经历判断与推理，解释与论证，实现了思维活动的进一步升华。

教师没有把师生互动局限在课本内容中，而是以具体的事实性知识、概念性知识为依据，创设解决问题的学习情境，根据学生的即时反应提出难易适度、层层深入的问题，让学生在复杂的情境中开展科学探究，利用所学知识，运用归纳与概括、演绎与推理、批判与论证等方法分析与解决问题，发展科学思维，形成对该实验原理、本质、分析的思路的清晰认识，建构生命观念，阐述生命现象，渗透社会责任，促进学生核心素养的全面提升。

四、推行具身创造式学习

推行具身创造式学习，需要在实践活动设计、资源平台建设和课程规划实施等方面统筹安排，整体架构。以我校具身创造式学习实施为例。

（一）实践活动设计

推行具身创造式学习的关键是设计好有意义的学生实践活动，丰富学生实践形态，激励学生亲历学习实践全过程，在真实情境中主动探究，在知识的灵活应用中产生新质，形成专长，并跃升到创造新的理念方法和产品的新水平。根据学习实践的目标取向，大致可以把课程学习活动分为：探究性学习实践、体验性学习实践、审美性学习实践、技术性学习实践和自主研究性学习实践等，各种实践活动之间并不是完全割裂的，目标、内容往往会相互交叉，这不影响学生实践活动的有效开展。

（二）构筑资源平台

学习实践活动的落实，需要有效整合学校、地方和科研院所的教学资源，构筑以科学探究实践与创新为特色的“工程坊”学习平台，扎实推进平台的综合利用。具身创造式学习的重要特征在于体验性和实践性，强调体验对学习的作用。平台建设可以从设施环境、科研环境、实践环境三个方面构建新型学科教学环境，确保资源平台实践性、开放性、创新性，使课堂教学实现三大转变，努力建构丰富内涵和多维意义的无边界教学环境。

1. 从传统教室走向现代实验室（设施环境）

创建5个科学探究活动中心，12个功能实验室，如数码互动显微实验室、生物工程技术实验室、分子生物学实验室、微生物实验室、植物组织培养实验室等，实验设施按需配置，资源利用立体高效，成为教学活动的主场地。

2. 从校内课堂延伸到科研院所（科研环境）

为密切与科研、生产、生活的联系，我们与江南大学、南京农业大学、中国水科院淡水渔业研究中心等签约共建，建立了“辅仁高中校外科学探究实践基地”，充分利用高校和科研院所的实验设施和智力资源优势，在教授、专家的直接指导下，开展适合高中生进行探究实践的课题和项目。还在无锡市农业委员会等单位的支持下，定期组织师生参观现代农业示范园、特种动物养殖基地等10多个实习点，直面生物科技的日新月异，感受生命科学的无限魅力。

3. 从学科实验拓展到科学实践（实践环境）

为满足学生种植实践需要，在校园沿河走廊开辟了作物栽培实践园和淡水养殖池塘，学生得以亲手种植豌豆、小麦、玉米等10多种植物，开展经典杂交实验，体验孟德尔等科学家的科学探究历程，进行两栖动物的胚胎发育培养实验，体验现代生物科技发展。

为满足学生调查和实习之需，在近在咫尺的金城湾公园、长广溪湿地、太湖蓝藻治理站均设有“辅仁高中生物多样性实践基地”，供学生实地体验种群、群落、生态系统特征，考察区域生态工程。

此外，我们在原有科学探究中心的基础上，开发建设了智创中心、学具学习创作中心、数字化创客中心和跨学科综合数字化实验室等，确保学生有充分的机会去探索感兴趣的问题，从而实现学生的学习与自己的经验、与生产生活情境、与实践操作紧密联系，在体验中实现知识的迁移、知识的创造和物化的智造。具体学习实践的场域与内容如图3–4所示。

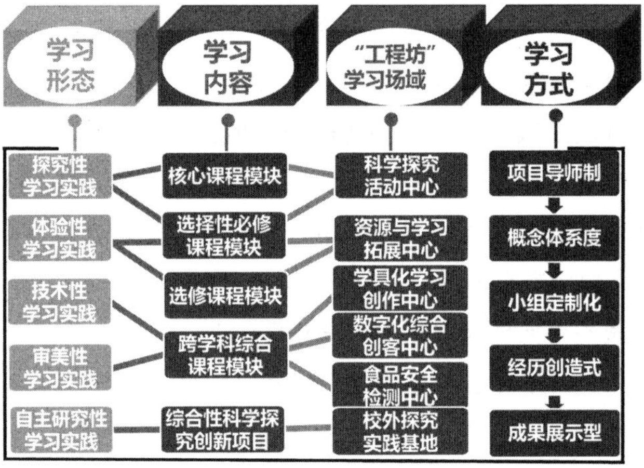

图 3–4 学生实践形态、内容与学习场域示意图

（三）课程规划实施

在国家课程的有效实施中，重点研究如何在课程设置、课时安排、时间保障、人员组成等方面进行合理配置，分类组织，分步实施，确保科学探究实践活动的有序开展，确保学生有充分的机会去探索感兴趣的问题。

以探究实践活动为主要载体，以知识传授为主转向以关注学生习得知识的实践过程为重点，开展3大系列、8项主题系列活动。

1. 锁定核心课程内容，实现实验教学全覆盖

深度开发的"核心课程内容的实验探究""体验性、拓展性实践活动"和"学生自主性研究课题"3大系列的实践活动，目标定位准确，功能指向清晰（见图2-3）。设计的8项主题、115个科学探究实践活动，实现学科核心课程内容的实验教学全覆盖。

综合性科学探究项目，凝练了我校课程基地及相关科研院所最优质的资源而开发的特色项目，每年都吸引了大批优秀学生报名参加，促进了中学生科学实践活动的开展。

2. 合理组织课程实施，有序开展实践探究活动

为了使科学探究活动有序、有效，满足更多学生参与生物科学探究活动的热情，实现全面而有个性的发展，我们在课程设置、时间保障、人员组成等方面进行了合理的配置。课程设置：主要包括核心教学内容的实验探究、生物科技博览与实践、综合性科学探究创新项目三大课程。时间保障：每周1~2节的高一研究性学习课、节假日（包括寒暑假）的科学探究创新系列活动课等。人员组成：除了校本核心内容的实验探究实验课需要人人参加外，我们每学期都开设"生物科学博览与实践"活动课程，每年在高一、高二年级组建课题研究小组，每年暑假都举办"生物科技夏令营活动"；我们还和学生会合作组建学生会生物科研类学生社团，推动科学探究活动的有效实施。

生物科技夏令营每年举办，活动紧密联系科研、生产、生活实际，关注生物科学前沿，报名学生人数逐年递增，受到学生热捧。

我们开展的活动，主题鲜明、学生喜欢，较好地锻炼和培养了学生吃苦耐劳、坚韧不拔的意志品质，严谨细致、求真务实的科研素养，积极思维、攻坚克难的创新精神，分工有序、群策群力的团队意识。这些优秀的品质和科研素养，在平时的课堂教学中很难达成，而在课程基地的整体推进中，得以较好的实现，将使学生终身受益。

总之，回归科学本质，突出科学探究，创新实践情境，提升学科素养，是我校学校课程方案创新与设计的目标和方向、在多年努力下找到一条适合校情、学情的课程实施与师生发展路径。课程与教学变革带动学生学习变革，并促进教师专业成长，形成的学校课程文化（教学哲学）和操作范式，是可以在一定范围内和一定层次的学校推广、移植的经验。"形成生命观念，发展科学思维，立志科学探究，担当社会责任”融入了学生学习活动的各个环节，从体验走向创造的“具身创造式学习”已成为我校生物学科课堂教学的常态，教师通过充分解析教学内容，设计问题情境，创设服从学生思维与创新需要的学习环境，从生物学学科本质出发，建设实验与实践环境，带领学生走进生活，增加社会、自然、人文等现实环境，在真实的情境中与人对话、与自然对话、与社会对话、与生活对话，在交流、对话、互动中理解知识与生命意义，大大提高了学生的学习品质与学习效能。

3. 活动创新——实验与实践教学更加重视学生完整的过程体验

完整的过程体验不仅是完成实验操作步骤，而且包括设计实验方案、实验过程中的问题解决、实验现象的记录（包括画图、填表等）、实验结果的分析等，要在实验过程中体验真实的情境，发现真实的问题，感知真实的实验结果（结果的差异性和不确定性）。

例如即使是在高二学生学习时间特别紧张的前提下，我们在进行“生态系统”这部分内容教学时还是组织学生完成了“设计并制作生态缸，观察其稳定性”这个实验。不要认为这个实验很简单，实际上在做的过程中时，会遇到很多平时根本想不到的问题。

我们的具体做法是：

学生分组，每班8~10组，每组6~8人；

以小组为单位规划设计不同的生态缸；

购置生态缸、土壤、肥料，准备动植物材料、设计观察记录表（见表3–1）；

观察、记录、拍照、写观察日记，及时发现问题并集体讨论解决；

材料整理、撰写课题报告、制作 PPT 等；

以小组为单位汇报研究成果，组织评奖。

表 3–1 “设计并制作生态缸，观察其稳定性”课题研究观察记录表

课题小组成员	
观察现象记录、发现的问题、讨论的解决方案等	植物、动物种类数量变化，水质变化，基质变化等
研究结论（或阶段性结论）	

连续观察记录中反映了很多真实的问题，如常见的水体变绿、丝螺死亡，我们的学生是如何分析并解决问题的呢？

有小组从饵料角度去分析：过度投放的饵料，被微生物分解产生大量的氮、磷，导致水体富营养化，或者产生含硫的化合物对水体有破坏作用，然后就想到用添加硝化细菌来解决。

也有小组从相反角度考虑：认为是未添加饵料，食物不足。学生调查记录了种群密度，进行了能量流动的推算，以此来证明自己的推断，如图3–5所示。

实践表明：在体验性、拓展性实践活动中，学生参与热情高涨，人人参与；分工协作、各负其责、井然有序；问题发现及时，解决方案有创新；成果汇报体验深刻，理论和实际水平明显提高。另外，学生每周定时观察，如实记录，观察细致，一丝不苟，培养了实事求是的科研素养、认真负责的工作态度、相互协作的团队合作意识。

学生通过体验最终发现，对于小小的生态缸，即使人工进行保护性干预，要维持其较长时间的稳定性也有很大的难度。从而真正认识到人类所处的生态环境要比生态缸复杂得多，其稳定性维持更困难，体验到人类减少对环境的干扰的必要性。

○反思与结论——从两方面分析

生态系统的能量流动	生态系统多样性
一个生态系统的成分包括：非生物的物质和能量，生产者，消费者，分解者。制作生态缸，主要需要考虑加入的是生产者和消费者。 一个生态缸的能量来源只限于阳光，简单计算能量级，太阳能量 ×0.2大约就是生产者贮存的能量，生产者贮存的能量 ×0.2就是第一级消费者获得的能量，以此类推。因此如果一个生态缸要能够自给自足，必须要有一定的规模。所以，如果规模大小不够，是支撑不了这么多的生物的。就以一开始的较大体型的金鱼为例，除非人工干预为其添加食物，否则它无法获取相对应数量的食物，这是其死亡的因素之一。因此在后期我们加入了体型较小的鱼。由此，我们可以明白为什么很多生态缸都没有第二级消费者即肉食动物（不加以人工干预）：在生态系统的能量流动的损耗下，一般生态缸规模是无法维持的。也许当年生态圈二号的失败，有一部分是由于以上的因素。	初期的失败主要是因为植物只有蕨类植物，种类单一，而蕨类植物净水能力差，且抵抗力较弱。后期加入了水草后情况有明显改善。因此应该可以推断城市中运河水质差，一部分原因就是缺乏生态系统多样性—生态系统很脆弱。 另外，我们在制作生态缸的时候，往往只考虑生产者和消费者，而忽视了分解者。也许加入少量硝化细菌可以占据生态位，防止有其他的生物来占据生态位，比如，霉菌等。

图 3–5 学生分析反思实录

五、“教—学—评一致性”学习评价，丰富成果展示类型

核心素养视野下的课堂教学更加重视学生在复杂多样的情境中分析问题和解决问题的能力养成，要求学生必须亲历探究实践的全过程，运用重要概念和归纳概括、推理论证等多种方法自主建构知识。这样的课堂必然是以学生学习为中心，把更多的时间留给学生主动实践和思考。但“把课堂还给学生”不是放任自流，对于学生学什么？怎样学习？学到了什么程度等，必须要进行有效整合，把教—学—评进行整体设计，根本转变课堂教学的育人模式，实现课堂教学从教师教学到教学生学习再到教学生学会的结构转型。

立足“教—学—评一致性”的学习评价，聚焦核心素养目标，以学生学习为中心，把教师的教、学生的学与学习程度的评价进行整体设计，协调一致，凸显对“学习经历”的过程性评价，促进深度学习，引领学生“学会”。

为了实施全方位素养评价，在评价中除了开展常规的课堂思维训练（如例题分析、模型建构等），还可以丰富学生成果展示类型，建设专门的学生成果展示室，推广项目学习日记、实践体验报告、课题研究报告、物化智造作品等多种学习成果呈现形式，以多样化的成果体现过程性评价和全程性评价，创建一个主体多元、方法多样、既关注学业成就又重视多方面发展的生物学课程评价体系。

综上所述，以“工程坊”为依托的高中生物学“具身创造式学习”模式的实施，教学目标顺应新课标，适应新高考，操作程序相对稳定，实现条件有保障，学习形态凸显实践，学习内容聚焦课程，学习方式突出思维与创新，学习场域体现多样化与时代性，教学评价实现教—学—评一致性全程性素养评价，使教师的教学行为有章可循，科学高效。

第四章 “教—学—评一致性”教学设计的基本路径[15]

本章以人教版高中生物学选择性必修 1《稳态与调节》第 1 章第 1 节“细胞生活的环境”为例，阐述“教—学—评一致性”教学设计的基本路径。

第1节 “教—学—评一致性”教学设计的基本思路

传统意义上的教案、学案和导学案，没有体现“何以学会”的学习经历的完整设计，没有体现“教—学—评一致性”的核心技术，背后的立场是教师。而学生立场的教案，整个教学过程的设计都围绕或聚焦学生何以学会，从期望学生学会什么出发，设计何以学会的完整学习历程，配合指向目标监测的形成性评价，以确保至少2/3的学生学会。[16]“教—学—评一致性”教学设计，充分体现学习者立场，以评价任务为核心，随时监测学生的学习目标的达成情况，为有效的教和学提供了证据。

设计思路为："课标要求" $\xrightarrow{\text{分解}}$ "学习目标" $\xrightarrow{\text{确定}}$ "评价任务" $\xrightarrow{\text{设计}}$ "学习经历" $\xrightarrow{\text{设定}}$ "自我评价"（过程性评价）$\xrightarrow{\text{架设}}$ "知识建构"（整体性评价）$\xrightarrow{\text{编制}}$ "水平测试"（综合性评价）。其中"评价任务"与"学习目标"相对应，具有可测性和针对性，用"任务"驱动和激励学生学习。每一项"学习经历"都有相应的"自我评价"，以检测是否"学会"，用"评价"促进学生发展，充分体现"教—学—评"的即时性、层次性与一致性。"评价任务"和"学习经历"最终都指向"学习目标"的达成，让学生获得带得走的能力和素养。这里的"学习经历"不是简单的知识罗列，而是学习实践过程的体现，是"评价任务"的载体。要提供多种学习情境，设计多样化的学习任务，提供多种可选择学习方式让学生体验。重要内容的学习过程包括模型建构（画图）、问题探讨、技能训练、科学探究与实践活动等。这里的"自我评价"应形式多样，根据具体的学习任务确定，关注个体差异和发展需求，以引导学习方式的多样化。如易错、易混淆概念和零散的知识点，可设计"思考辨析"，重点知识可设计合作探究实践活动、典型例题、问题探讨、模型建构等，其他还有如概念连线、归纳填空、列表总结等形式，可以根据实际任务的特点进行选用。在完成系列学习任务之后，设计"知识建构"，让学生根据"学会"的内容，完成知识的整体架构，进行整体性素养评价。为了强化学习效果，编制"水平测试"，从四个水平层次编制一定量的测试题，为学生课后学习反思和学业质量水平评价提供素材。

第 2 节　"教—学—评一致性"教学设计的基本路径

一、"课标要求"分解，形成"学习目标"

以《新课标》中有关本部分内容的要求为依据，结合教材内容、学情和教学资源，遵循"教—学—评一致性"设计原则，将课标关于"细胞生活的环境”的学习要求分解为具体的可观测、可量化、可评价学习目标，突出重点，并具有层次性。具体“学习目标”设定如下：

①通过观察图解，结合实例，比较分析体内细胞与内环境之间的物质交换过程，归纳总结探究内环境的含义，认识到细胞是一个开放的系统，形成结构与功能观和系统观（侧重生命观念）；②通过生活中的实例分析，阐明内环境的化学成分和理化性质的含义，提升合作探究能力和判断概括能力（侧重科学探究）；③通过观察分析呼吸、消化、循环和泌尿等系统的结构与功能，构建内环境与外界环境的关系，阐释内环境稳态的重要性，认同生命的整体性和系统性，发展科学思维，养成自我保健意识（侧重科学思维）。

二、从“学习目标”出发，设计“评价任务”

“评价任务”的设计，指向具体的“学习目标”，学生完成任务后的表现与目标指标相一致。据此设计如下“评价任务”：

①比较单细胞生物（如草履虫）及红细胞、肌细胞和T淋巴细胞的生活环境的异同（指向学习目标1）；

②观察比较体内细胞与内环境之间的物质交换动态过程，合作探究内环境各成分之间的关系（指向学习目标1）；

③结合情境实例，概括与判断，澄清错误概念，理解内环境含义（指向学习目标1）；

④分析血浆的化学成分，合作探究血浆中各化学成分对生命活动的影响（指向学习目标2）；

⑤结合生活中的实例，分析归纳总结细胞外液的理化性质（指向学习目标2）；

⑥分析图解，自我构建内环境与外界环境之间的关系（指向学习目标3）。

三、“教—学—评一致性”的“学习经历”设计

根据学习内容的内在逻辑关系，将“评价任务”逐一分解到不同的“学习经历”中，以“评”调“教”，以“评”促“学”，引导学生积极、主动、

全程参与到学习实践活动中，形成以“学会”为特征的“教—学—评一致性”课堂教学结构。

【学习内容 1】“体内细胞生活在细胞外液中”的教学过程设计

学习经历 1

“教”：提供学生熟悉的单细胞生物如草履虫、多细胞生物的体内细胞如红细胞、肌细胞和 T 淋巴细胞等的生活图片，要求学生比较它们生活环境的异同。

“学”：学生观察、分析，思考讨论问题。

1. 单细胞生物与多细胞生物的体内细胞生活的环境有何异同?

2. 红细胞、肌细胞和 T 淋巴细胞生活的环境分别是什么?

“评”：学生通过比较，不难发现所有细胞都生活在一定的液体环境中，并与之进行物质交换，体内细胞生活的环境叫内环境，主要包括血浆、组织液和淋巴。学生初识内环境含义，可用连线题进行自我评价。

“自我评价”：连线表示细胞生活的具体内环境。

组织细胞（如肝细胞）	血浆
毛细血管壁细胞	
毛细淋巴管壁细胞	组织液
红细胞	
淋巴细胞和吞噬细胞	淋巴

学习经历 2

“教”：提供体内细胞与内环境之间的物质交换动态过程（动画或录像），让学生进一步深入探究内环境的含义。

“学”：学生通过直观观察，深入比较，思考讨论，解决以下问题。

1. 描述体内细胞与内环境之间的物质交换过程。

2. 合作构建体液、细胞内液、细胞外液、内环境之间的概念关系。

“评”：学生观察内环境各部分之间的动态变化，更直观地认识到细胞与内环境之间进行着频繁的物质交换，从而构建细胞外液（内环境）与细胞内液之间动态变化关系和紧密的功能联系，形成了结构与功能观和系统观，深入理解了内环境的本质含义。

"自我评价"：归纳概括并完整地描述内环境的含义。

学习经历3

"教"：从学生生活经验出发，提供问题情境，让学生进行新知学习与构建。

"学"：学生结合生活经验和问题情境，思考解决问题。

1. 擦破皮流血，血液凝固后，血块周围出现的黄色透明液体是血浆吗？

2. 消化液、胃液、唾液、尿液、泪液等是细胞外的液体吗？有相应细胞生活在其中吗？是内环境的组成吗？

"评"：学生经历任务1和2的学习，已经学会了内环境是细胞外液体，有细胞生活于其中，但细胞外的液体是否都属于内环境？如唾液、泪液、尿液、唾液等属于内环境吗？血浆蛋白、血红蛋白、呼吸酶等这些蛋白质都是通过内环境传送的吗？尿素、激素、维生素、纤维素等物质是否都可存在于内环境中呢？为了进一步澄清错误概念和模糊认识，可设计思考辨析题，让学生进行分析判断，深度理解内环境的含义。

"自我评价"：思考辨析。

1. 血浆蛋白是血浆中蛋白质的总称，属于内环境的成分；而血红蛋白、载体蛋白、呼吸酶等不是内环境的成分（ ）

2. 尿素、激素、纤维素、维生素都可以存在于内环境中（ ）

3. 蔗糖、乳酸、二氧化碳都不属于人体内环境成分（ ）

4. 食物的中蛋白质分解成氨基酸需要的消化液存在于内环境中（ ）

5. 膀胱上皮细胞生存的内环境是尿液和组织液（ ）

另外，经常有学生误认为：血浆与组织细胞之间进行物质交换之后，血浆中废物一定增加，营养物质一定减少。为了进一步澄清学生经常存在的错误认识，可设计典型例题，开展深度学习。

"教"：提供背景资料，让学生知道，胰岛B细胞可分泌胰岛素，通过促进肝糖原的合成等以降低血糖浓度。当血糖浓度降低时，另外一些激素可促进肝糖原分解升高血糖浓度。

“学”：思考如下问题。

血液通过组织处毛细血管时，血浆与组织液之间进行物质交换后，静脉端毛细血管中氧气、营养物质、激素等有用成分一定增加吗？

“评”：设计典型例题，评价学习效果。

“自我评价”：下图是某组织细胞与内环境进行物质交换模式图，⑤处为动脉流入端、①处为静脉流出端。下列说法不正确的是（多选）（　）

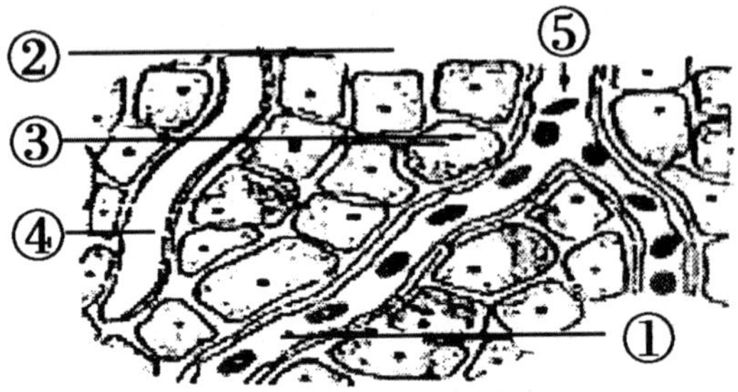

A. 若③为胰岛 B 细胞，饭后半小时⑤处的胰岛素浓度低于①处

B. 若③为肝细胞，饥饿状态下⑤处的血糖浓度高于①处

C. 若③为脑细胞，⑤处的氧气浓度高于①处，而血糖的浓度相反

D. 若③为组织细胞，物质交换过程为①→②→③→④（④→①）

【学习内容 2】“细胞外液的成分及理化性质”的教学过程设计

学习经历 1

“教”：提供血浆的化学组成表格和医院血液生化检查化验单，以真实情境激发学生学习兴趣，进行物质归类分析与思考。

“学”：合作探究，分析血浆的化学成分，思考下列问题。

1. 如何将教材 P4 页表中物质按化学性质进行归类？除表中所列成分外，血浆中还可能含有哪些物质？

2. 在组成血浆的离子中，哪些离子的含量较多？可能起什么作用？

3. HCO_3^-、HPO_4^{2-}可能起什么作用？

“评”：学生通过归类分析，学会了血浆中化学成分包括营养物质、代谢废物、气体物质、调节物质等，这些成分在血浆中的含量必须要保持相对稳定，才能维持人体正常功能。

“自我评价”：血浆中含有的__________约占90%，溶质中含量最多的是__________，占7%～9%，无机盐约占1%，其他血液运送的物质如各种代谢产物、激素等少量。组织液、淋巴的成分和含量与血浆相近，最主要的差别在于血浆中含有较多的________。

学习经历2

“教”：提供生活实例，让学生探究——内环境不仅含有多种化学成分，还应该具有一定的理化性质。

“学”：学生阅读教材，结合生活中的实例分析，合作探究，探讨解决问题。

1. 生理盐水的浓度是多少？医生给病人输液时为什么必须使用生理盐水？

2. 将哺乳动物成熟的红细胞放入不同浓度的氯化钠溶液中，细胞形态会发生怎样的变化？

3. 在健康人体的血浆中，[$HC0_3^-$]约为[H_2C0_3]的20倍。如果[$HC0_3^-$]/[H_2C0_3]<15时，人立即发生酸中毒，从而出现如恶心、呕吐、血压下降、头痛、嗜睡、昏迷、休克等症状。

4. 2004年全国各地发生了“劣质奶粉”事件，为什么食用了“劣质奶粉”的婴儿会变成“大头娃娃”呢？

“评”：学生通过合作探究，能归纳总结出细胞外液的理化性质，达成相应学习目标。

“自我评价”：

1. 渗透压

血浆渗透压的决定因素：主要由____________和____________含量决定，其中细胞外液的渗透压90%以上是由__________决定的。

2. 酸碱度

正常人的血浆PH值接近中性，在______之间。血浆PH稳态维持的主要原因是血浆中存在缓冲物质，如__________、__________及有机酸和蛋白质等，它们均具有一定的缓冲能力。

3. 温度

人细胞外液的温度一般维持在37℃左右，人体内酶最适宜温度也是37℃左右。不同年龄、性别的体温大小表现为：幼年 > 成年 > 老年；女性 > 男性。

通过内环境化学成分和理化性质的学习，如何根据细胞内液与细胞外液的物质组成和含量上的差异区分各种成分？可提供典型例题进行评价。

“自我评价”：下表为人体细胞外液和细胞内液的物质组成和含量的测定数据，相关叙述错误的是（　　）

成分（mmol/L）		Na^+	K^+	Ca^{2+}	Mg^{2+}	Cl^-	有机酸	蛋白质
①	②	142	5.0	2.5	1.5	103.3	6.0	16.0
	③	147	4.0	1.25	1.0	114.0	7.5	1.0
④		10	140	2.5	10.35	25	—	47

A. ②属于血浆，其渗透压大小主要与无机盐及蛋白质的含量有关

B. ②的蛋白质含量减少将导致③增多

C. ④属于细胞内液，因为其含有较多的蛋白质、K^+等

D. ④比①多，在生命活动中④比①更重要

【学习内容3】“内环境与外界环境的关系”的教学过程设计

学习经历

“教”：内环境是体内细胞赖以生活的环境，内环境怎样与外界环境进行物质交换呢？提供学生在初中学习过的人体四大系统结构与功能图解，让学生分析，构建内环境之间及其与外界环境之间的关系。

“学”：学生分析图解，思考问题。

进入人体消化道的蛋白质食物，需要经过怎样的过程才能变为人体的蛋白质？

“评”：学生在已有学习的基础上，不难归纳体内细胞、内环境与外界环境的关系，并认识到人体是一个统一的整体。人体各器官系统之间协调一

致地活动，才能保证内环境的相对稳定，进一步达成生命的整体性和系统性观念。

“自我评价”：

1. 体内细胞只有经过__________才能与外界进行物质交换，因此____________是体内细胞与外界环境进行物质交换的______。

2. 直接与内环境的物质交换的有关器官系统有：____________系统、呼吸系统、______________系统、泌尿系统等系统及__________。

四、搭建“知识建构”框架，实施整体评价

学生在经历上述学习实践之后，逐一“学会”本节课程内容：体内细胞生活在细胞外液中，细胞外液具有一定的化学成分与理化性质，其要保持相对的稳定，内环境与外界环境之间就需要在多种器官系统的协调配合下进行物质交换。因此内环境是体内细胞与外界环境之间物质交换的媒介。学生形成了结构与功能观，认同了生命的整体性和系统性观念，整体建构内环境与外界环境的关系也就水到渠成。

知识建构：填图表示内环境与外界环境的关系。

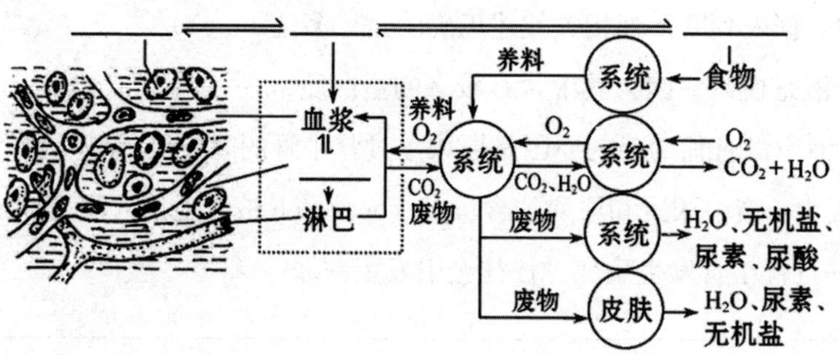

五、精编“水平测试”，注重素养评价

以新课标学业质量标准为依据，结合具体学习内容的特点和学情，从学科核心素养的4个维度和4个不同等级水平精选精编一定量的水平测试题，作为课后学业质量水平评价与提升的辅助学习材料。选题内容和形式关注基础性、综合性和应用性，注重知识的前后联系，强调融会贯通，以引导学生把

握必备知识与关键能力、学科素养、核心价值之间的紧密关系，形成具备内在逻辑联系的整体网络。

1.（生命观念—水平3）图示某些生物学概念间的关系，其中Ⅰ代表整个大圆，Ⅱ包含Ⅳ。下列各项不符合图示关系的是（　）

A. Ⅰ体液　Ⅱ细胞外液　Ⅲ细胞内液　Ⅳ组织液

B. Ⅰ糖类　Ⅱ多糖　Ⅲ单糖　Ⅳ二糖

C. Ⅰ核酸　Ⅱ核糖核酸　Ⅲ脱氧核糖核酸　Ⅳ信使RNA

D. Ⅰ细胞质　Ⅱ细胞器　Ⅲ细胞质基质　Ⅳ线粒体

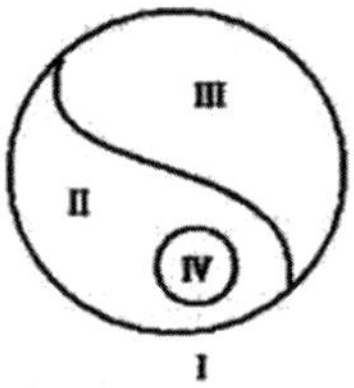

2.（科学思维—水平2）下图是人体某组织结构示意图，①②③④分别表示人体内不同部位的液体。据图判断下列说法正确的是（多选）（　）

A. ①②③中温度、渗透压及PH值恒定不变

B. ③中的水都来自②和④

C. 血浆中的O_2进入组织细胞的途径是②→③→④

D. ②中含血红蛋白、乳酸、CO_2等物质

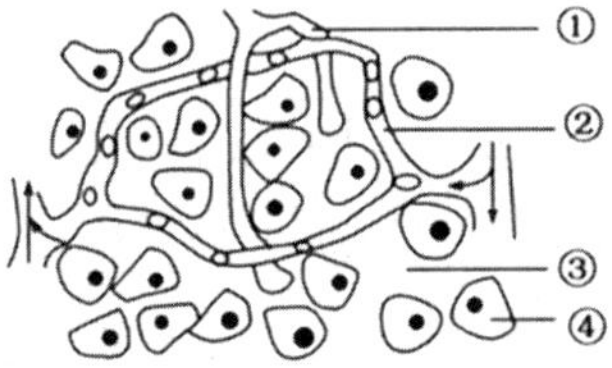

3.（科学思维—水平3）下表为某人的尿液、原尿和血浆经化验后得到的主要数据。据表判断下列相关叙述正确的是（多选）（　）

A. b液是血浆，因为其中含有较多的蛋白质

B. c液中没有葡萄糖的原因是原尿经过肾小管的时候全部被重吸收

C. 因为c液中尿素和尿酸的含量多于a液和b液，所以c液是尿液

D. 一旦肾小管发生病变，往往会引发蛋白尿

成分	a液（%）	b液（%）	c液（%）
蛋白质	微量	8	0
葡萄糖	0.1	0.1	0
无机盐	0.75	0.72	1.25
尿素	0.03	0.03	1.8
尿酸	0.004	0.004	0.05

4.（科学探究、社会责任——水平4）请以人体血液中的红细胞为实验材料，设计实验探究为患者输液治疗时使用到的盐水（NaCl溶液）的浓度。请完善下列相关实验。

（1）实验材料：洁净的试管、采血针等。

（2）方法步骤：

①取7支洁净的试管，编号为1 ~ 7，分别加入2ml浓度为0.3%、0.5%、0.7%、0.9%、1.1%、1.3%、1.5%的________________，并各加入2滴抗凝剂（如柠檬酸钠）。

②将左手无名指消毒，用已消毒的采血针刺破皮肤，用小滴管吸血。

③向1 ~ 7号试管分别滴入1滴血，摇匀，放置5min。

④分别取7支试管中混合液各一滴，滴于7张洁净的已编号的载玻片上制成临时装片后，在显微镜下镜检，观察______________。

（3）预期结果及分析：以0.9%的NaCl溶液实验组为例，______。

六、教学反思

“教—学—评一致性”教学设计，使每一个学习环节都在学习目标和任务的框架下，指引学生积极主动参与学习全过程，学什么？怎样学？是否学会？反馈及时，状态“可视化”。学生参与学习的深度与广度有保证，更多的学生“在学习”，全程经历“真学习”；问题驱动下的高阶思维训练有依据，科学探究实践活动有保障。学生的学习活动不仅是对知识的了解、理解与记忆，而且以具体的事实性知识、概念性知识为依据，在复杂的问题情境中开展自主、合作、探究，利用所学知识，运用归纳与概括、演绎与推理、批判与论证等方法分析与解决问题，发展科学思维，阐述生命现象，建构生命观念，渗透社会责任。

第五章 “具身创造式学习”创新教学设计

——人教版高中生物学必修 1《分子与细胞》

本章以人教版高中生物必修 1《分子与细胞》为例，遵循“具身创造式学习”模式的核心理念和实施策略，以“教—学—评一致性”教学设计为基本路径，编制了全套创新教学方案，本书选择了部分案例予以呈现，案例由 2019 年江苏省高中生物名师工作室成员编写，在多层次学校中进行了实践检验，交流研讨，相互借鉴，结合学校资源特色，修改完善而成，可为广大教师新课教学提供参考。

专题1 走近细胞

课题1 细胞是生命活动的基本单位

【学习目标】

1. 回忆初中生物学知识，初步形成生物体是由细胞构成的观点，并尝试提供支持观点的证据

2. 阅读教材资料、观察图片素材、观看受精卵分裂视频等活动，分析细胞学说建立过程，理解细胞学说内容，认识到植物与动物在细胞水平上的统一性，认同细胞学说的重大意义

3. 观察教材中以冷箭竹和大熊猫为例的生命系统的结构层次图，分别写出单细胞生物、多细胞生物（如动物、植物）的生命系统结构层次

4. 参与模拟建构生命系统结构层次间关系式的活动，分析细胞与组织、组织与器官、个体与种群、种群与群落等不同结构层次之间的构成关系，认同细胞是基本的生命系统，最终形成“细胞是生物体结构和生命活动的基本单位”的概念

5. 阅读、思考、讨论等一系列教学活动，认同科学发展的基本特点：在观察的基础上形成科学理论、理论概括需要经过实证的检验、科学理论的建立需要不断修正完善

【评价任务】

1. 根据初中相关知识，获得冷箭竹和大熊猫的生命活动基本单位是细胞，初步认识生物学的学习重视证据和逻辑（指向学习目标1）

2. 阅读细胞学说的建立过程史，思考并讨论问题，领悟科学发现的特点，初步建立探究科学的方法。理解不完全归纳法所得结论的可靠性，进而理解细胞学说的内容（指向学习目标2）

3. 观察图片，分析生命系统的结构层次，初步形成系统观（指向学习目标3）

4. 建构层次关系式，体会细胞与各层次间的内在联系，认可细胞是生命

活动的基本单位（指向学习目标4）

5. 分析理解生命活动离不开细胞，细胞是一个生命系统（指向学习目标5）

【教学经历】

学习内容1　细胞学说及其建立过程

教学经历1

“教”：请同学们结合教材插图，回忆初中知识，讨论你将如何获取和提供证据证明大熊猫和冷箭竹在结构上都是由细胞组成的?

“学”：学生回忆、讨论，并进行小组合作，探讨寻求证据的方法。小组间交流，评价方案的可行性和科学性等方面。

1. 地球上的生物是丰富多彩的，每一个生命又是独特的。大熊猫和冷箭竹虽形态迥异，但构成它们生命活动的基本单位是否相同呢?

2. 你如何获取和提供材料证明你的观点?与同学相互评价各自的证据是否正确和充分?

“评”：培养学生科学研究意识——科学研究需要可靠的证据，证据的获取还要考虑实际情况。

教学经历2

“教”：我们轻而易举得出的结论，你知道之前的科学家花了多少时间才总结出来吗?历时100多年。我们来了解下细胞学说建立的过程。

“学”：阅读书本资料，划出重要信息，并尝试回答以下问题。

1. 维萨里和比夏通过大量的尸体解剖和观察，分别提出了哪个层级的结构?

2. 是什么科学技术的进步推动生物研究从个体水平进入细胞水平?

3. 举例说明科学家是如何通过获得证据说明动植物都是由细胞构成的?

4. 列文虎克等科学家都已观察到细胞，为什么却没有提出细胞学说的观点?

5. 施莱登和施旺只是观察了部分动植物的组织，却归纳出“所有动植物都是由细胞构成的”，这一结论可信吗?

6. 观察受精卵的分裂动图，思考“所有的细胞都来源于先前存在的细胞”，这是否暗示着你身体的每个细胞都凝聚着漫长的进化史？

7. 细胞学说主要阐明了细胞的多样性还是生物界的统一性？

8. 通过分析细胞学说建立的过程，你领悟到科学发现的过程具有哪些特点？

“评”：培养学生阅读提取有效信息能力；在问题引导下思考讨论，培养学生的科学思维归纳能力。并且使学生认同科学发展的基本特点，重视观察与实证，需要归纳和概括；科学发展依赖技术的进步；科学理论的建立往往需要不断修正完善，并在以后学习和探究中强化这些认识。

“自我评价”：

1. 细胞学说建立的过程是科学家进行探究、开拓、继承、修正和发展的过程，充满了耐人寻味的曲折。下列说法不正确的是（ D ）

A. 英国科学家虎克是细胞的发现者和命名者

B. 施旺提出“所有的动物都是由细胞组成的”

C. 魏尔肖认为“所有的细胞都来源于先前存在的细胞”

D. 施莱登提出“细胞是所有生物的结构和功能的单位”

“教”：请同学们提炼细胞学说建立过程中的关键信息，整理细胞学说的内容。

“学”：学生思考以下问题。

1. 细胞学说的建立者是谁？

2. 细胞学说的内容有哪些？

3. 细胞学说的意义是什么？

“评”：理解细胞学说内容，认识到植物与动物在细胞水平上的统一性。

“自我评价”：

19 世纪 30 年代创立的细胞学说的最主要的意义是（ C ）

A. 证明病毒不具有细胞结构

B. 使人们对生物体结构的认识进入微观领域

C. 证明生物之间存在亲缘关系

D．一切动植物都由细胞发育而来

学习内容 2 细胞是基本的生命系统

教学经历 3

“教”：正如施旺所说，每个细胞都相对独立地生活着，但同时又从属于有机体的整体功能。

分析课件中提供的素材和图片，我们能得出什么结论呢？

素材 1：草履虫是单细胞生物，能完成运动、摄食、生长和分裂，应激性等行为。

素材 2：人的缩手反射过程如图所示（图略）。

“学”：学生小组合作，分析素材，得出结论：细胞是生命活动的基本单位，生命活动离不开细胞。

“评”：培养学生分析资料的能力。通过生活中熟悉的例子易于理解生命活动离不开细胞这一知识点，为细胞是生命系统的基本单位做好铺垫。

“自我评价”：

下列关于细胞与生命活动的叙述，错误的是（ A ）

A．酵母菌、海豚等生物的单个细胞能完成各种生命活动

B．生物的遗传和变异以细胞内基因的传递和变化为基础

C．HIV 病毒没有细胞结构，必须依赖宿主细胞才能增殖

D．“望梅止渴”这一生命现象的发生需要神经细胞的参与

教学经历 4

“教”：多细胞生物中，细胞构成组织，组织又进一步构成器官，可见，生命系统由不同的层次组成。生命系统各层次之间又有怎样的关系呢？比较组织与器官、种群与群落的关系，尝试用关系式简要表示层次间的关系。例如，组织 = 相似的（细胞 1+ 细胞 2+……细胞 n）。

“学”：学生观察教材插图，回答问题。

1．冷箭竹的生命系统结构层次有哪些？

2．大熊猫的生命系统结构层次有哪些？

3．两者有何区别？

4．学生小组讨论并模拟尝试建模。

5．生物圈的碳氧平衡是不是与地球上所有生物细胞的生命活动都有关系？为什么？

“评”：引导学生对比动植物各个生命系统的层次，找出共性与差异，认识到生命系统具有一定的结构层次。在建模的活动中，回避了老师讲概念而容易误导学生以为概念是学习重点的误区，本节课只要求学生掌握概念间的关系。通过该活动，体会细胞与各层次间的内在联系，帮助学生建立系统的观念，尝试以系统观认识生命世界，认同“细胞是基本的生命系统”的观点。最后用更形象的图片来表示。

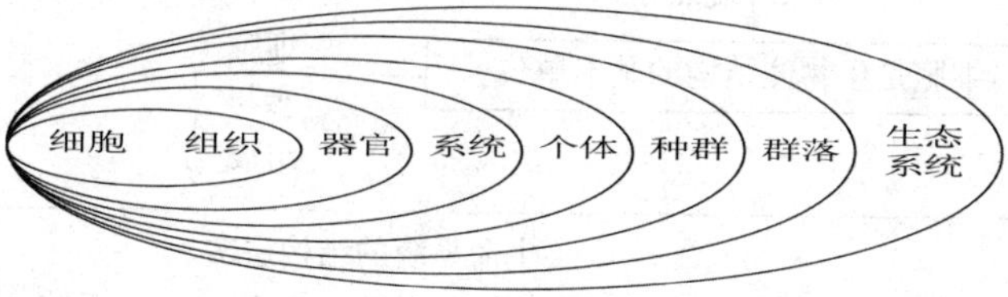

“自我评价”：

1. 下列各组合中，能体现生命系统的层次由简单到复杂的正确顺序是（ B ）

①肝脏　②血液　③神经元　④蓝细菌　⑤细胞内各种化合物

⑥病毒　⑦同一片草地上的所有山羊　⑧某池塘中的所有鱼

⑨一片森林　⑩某农田中的所有生物

A．⑤⑥③②①④⑦⑩⑨　B．③②①④⑦⑩⑨

C．③②①④⑦⑧④⑨　D．⑤②①④⑦⑩⑨

2. 草履虫的生命系统结构层次有哪些？

3. 病毒属于生命系统吗？

【知识建构】

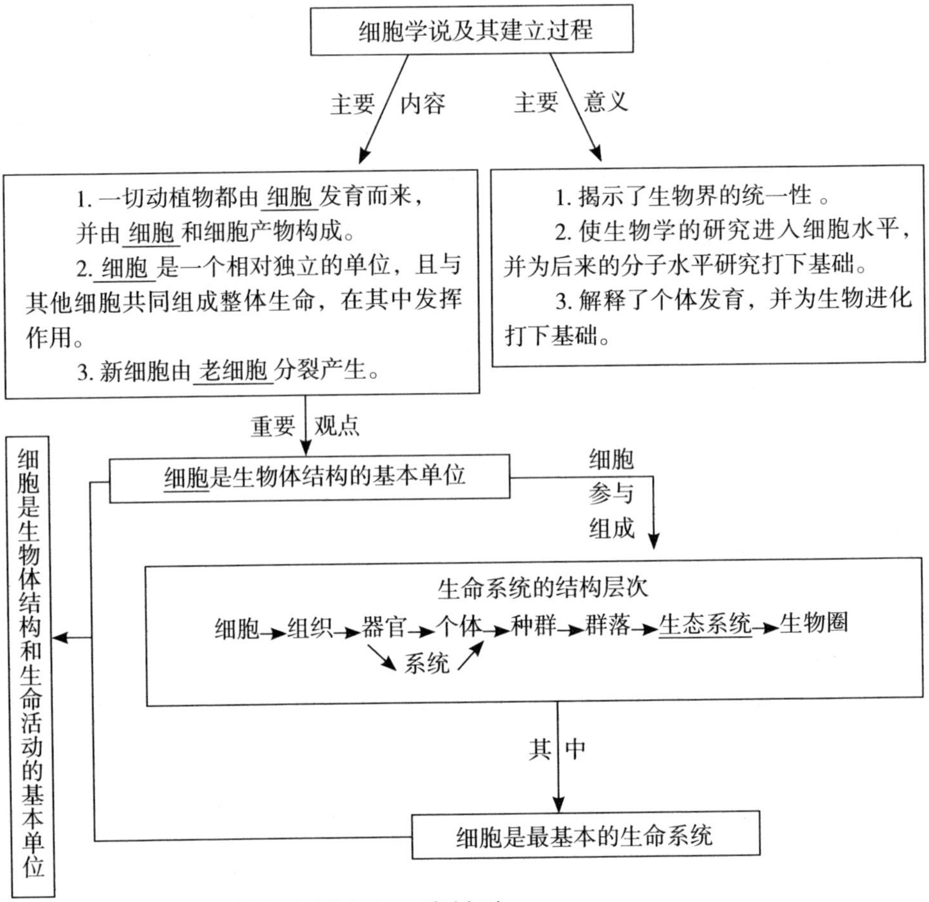
细胞学说及其建立过程
主要内容
主要意义
1. 一切动植物都由细胞发育而来，并由细胞和细胞产物构成。
2. 细胞是一个相对独立的单位，且与其他细胞共同组成整体生命，在其中发挥作用。
3. 新细胞由老细胞分裂产生。
1. 揭示了生物界的统一性。
2. 使生物学的研究进入细胞水平，并为后来的分子水平研究打下基础。
3. 解释了个体发育，并为生物进化打下基础。
重要观点
细胞是生物体结构的基本单位
细胞参与组成
生命系统的结构层次
细胞→组织→器官→个体→种群→群落→生态系统→生物圈
系统
其中
细胞是最基本的生命系统
细胞是生物体结构和生命活动的基本单位

编写：江阴市教师发展中心　崔敏霞

修订：江阴市教师发展中心　崔敏霞

课题2　细胞的多样性和统一性

【学习目标】

1. 制作临时装片，学会使用显微镜观察身边的生物材料，探究其微观结构特征，培养显微镜操作技能（侧重科学探究）

2. 通过观察、比较不同真核细胞的形态和结构，归纳、概括细胞具有多样性和统一性，描述原核细胞与真核细胞结构的异同（侧重科学探究、科学思维）

3. 从进化与适应的角度解释原核细胞与真核细胞的区别和联系，从细胞结构上解释丰富多彩的生物有共同的祖先（侧重生命观念）

4. 分析水华产生的具体原因，列举事实，激发爱护环境的情感和保护环境的社会责任意识（侧重社会责任）

【评价任务】

1. 学会使用高倍显微镜的操作技能，学会制作临时装片（指向学习目标1）

2. 观察、比较多种不同细胞的基本结构，描述原核细胞与真核细胞的最大区别（指向学习目标2）

3. 运用进化与适应观，解释原核细胞与真核细胞的区别和联系，解释不同种类细胞的形态结构不同的原因（指向学习目标3）

4. 分析水华产生的具体原因，了解发菜过度采挖破坏生态的事实，树立保护环境的社会意识（指向学习目标4）

【教学经历】

学习内容1　使用显微镜观察多种多样的细胞

教学经历1

“教”：在初中阶段，同学们已经学会使用光学显微镜来观察细胞，请大家回忆一下，显微镜一般都有哪些基本的结构呢?

教师展示显微镜实物和图片，回顾显微镜的基本构造和成像原理。

“学”：学生两人一组，合作讨论显微镜的结构和功能。

1. 说出光学显微镜的结构

请指出右图中显微镜的各部分结构名称和功能：

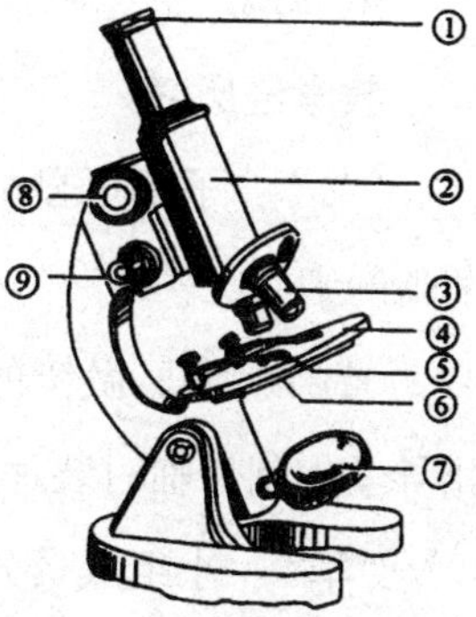

（1）光学部分：目镜、镜筒、物镜、遮光器（有大小光圈）和反光镜（有平面镜和凹面镜）

（2）机械部分：镜头转换器，粗，细准焦螺旋，载物台（上有通光孔、压片夹），镜座，镜柱，镜臂。

2. 光学显微镜的成像原理

思考：显微镜的放大倍数如何计算？通过显微镜观察到的物象是实像还是虚像？如果在显微镜下我们看到的是字母“e”，那实际图像是什么呢？

（1）显微镜放大倍数 = 目镜放大倍数 × 物镜放大倍数

注：显微镜放大倍数是指直径倍数，即长度或宽度，而不是面积。

（2）映入眼球内的是倒立放大的虚像。（物镜质量的优劣直接影响成像的清晰程度）

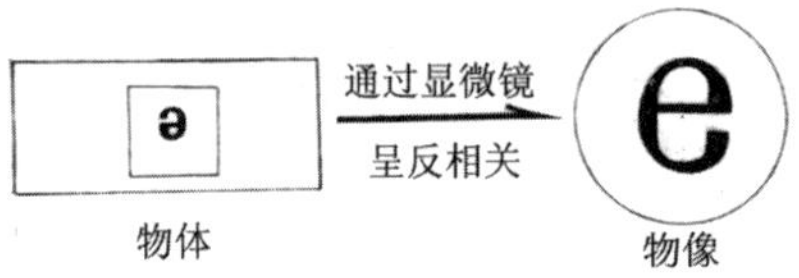

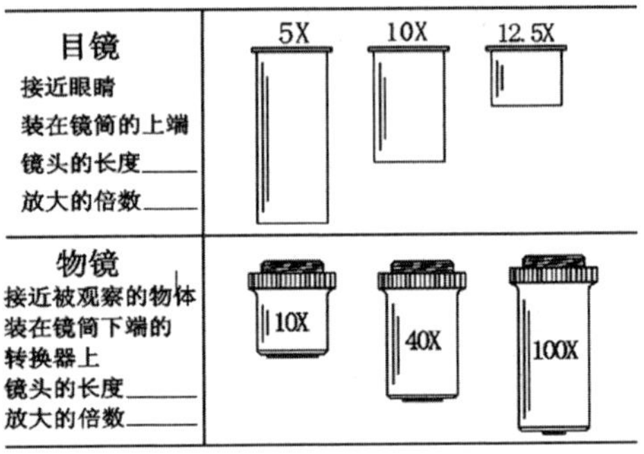

“评”：通过对显微镜的结构辨识和原理分析，使学生熟悉显微镜，为下面的熟练操作做好准备。

“自我评价”：

1. 请同学们观察显微镜目镜与物镜示意图，思考目镜长短与放大倍数之间的关系是怎样的？物镜呢？

2. 一个细小物体若被显微镜放大50倍，这里的“被放大50倍”是指该细小物体的（ D ）

A. 体积　　B. 表面积　　C. 像的面积　　D. 长度或宽度

教学经历 2

“教”：了解了显微镜的成像原理后，我们要如何使用显微镜才能观察到清晰的细胞呢？

教师示范显微镜的使用方法，强调由低倍镜转换成高倍镜的注意事项，指导学生制作临时装片，并用高倍镜进行观察、交流新发现。

“学”：小组成员分工合作，观察永久装片和临时装片。

1. 低倍显微镜的使用：取镜→安放→对光→置片→调焦→低倍镜观察。

2. 高倍镜观察：

（1）找：低倍镜下找物像；

（2）移：移动装片将物像移至视野中央；

（3）转：转动转换器，换高倍镜；

（4）调：调视野亮度，调细准焦螺旋，使物像清晰。（注：换高倍镜后不能转动粗准焦螺旋）

3. 显微镜使用后的整理。

4. 物镜与装片之间的距离：

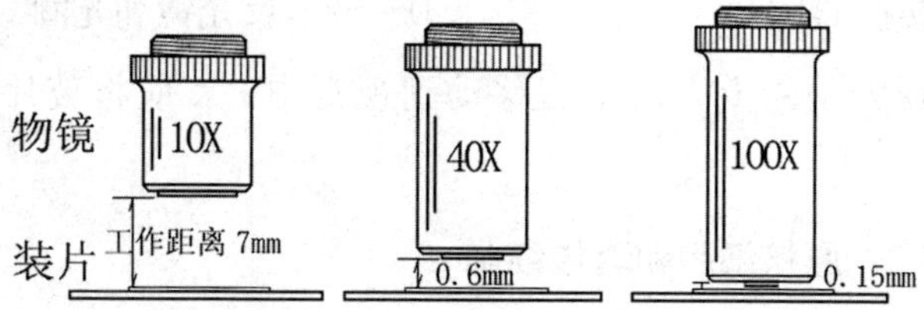

物镜放大倍数越高，其工作距离越近。在使用高倍镜时，要特别注意！

根据物镜与盖玻片之间工作距离的关系，高倍物镜下的工作距离很短，使用高倍物镜的前提是：低倍镜的调焦很准确，物像最清晰。否则极易损坏玻片标本，甚至损坏物镜的透镜。

5. 临时装片的制作

（1）用滴管在干净的<u>载玻片</u>中央滴加<u>1</u>滴清水（或生理盐水）。

（2）把标本放在水滴里。标本必须足够<u>薄</u>以便光线能够穿过。

（3）放下<u>盖玻片</u>的一端并接触到水滴边缘。用<u>镊子</u>或解剖针慢慢放下盖玻片，以免空气滞留在载玻片和盖玻片之间形成气泡。

“评”：通过练习使用高倍镜，归纳高倍镜观察的步骤和要点，总结不同材料临时装片的制作方法和要点，该实践环节增加了学生的感性体验和理性认知。

“自我评价”：

1. 高倍镜和低倍镜的比较。

	物像大小	看到细胞数目	视野亮度	物镜与玻片的距离	视野范围
高倍镜	大	少	暗	近	小
低倍镜	小	多	亮	远	大

2. 在将显微镜的低倍镜转换成高倍镜并寻找物像的过程中，不应出现的操作是（ B ）

A．转动细准焦螺旋　　B．转动粗准焦螺旋

C．转动转换器　　D．调节反光镜和光圈

3. 若将视野中左上方的细胞移动到视野中央，应将玻片标本向<u>左上方</u>方向移动。

学习内容 2　原核细胞和真核细胞

教学经历 3

“教”：通过显微镜的观察，我们了解了细胞具有多样性，这是什么原因呢？这些形态呈现多种多样的细胞之间有没有相同的结构呢？

教师引导学生从结构与功能观、进化与适应观的角度去分析细胞多样性和统一性的原因。

“学”：从细胞的结构特点入手，分析细胞具有多样性和统一性的原因。

思考：

1. 说说造成这些细胞不同形态结构的原因有哪些？

2. 这些形态呈现出多样性的细胞，是否具有一些相同的细胞结构？

3. 通过观察和比较，细胞既具有多样性，也具有统一性，细胞为什么会有统一性呢？

4. 教师呈现大肠杆菌的电镜图片（图略），引导学生分析其结构特点。

思考：

（1）说出真核细胞和原核细胞在结构上的主要差异有哪些？

（2）细胞核和拟核在结构上有什么不同？

（3）拟核的成分是什么？与真核细胞的染色体有什么不同？

（4）请同学们尝试说说常见的原核生物有哪些？

5. 教师展示真核细胞核原核细胞的模式图，完善真核细胞和原核细胞的比较表格。

“评”：基于观察的结果，经过归纳与概括，认识原核细胞和真核细胞的不同，并通过表格的形式，让知识系统化和逻辑化，让课堂教学落到实处。

“自我评价”：

1．酵母菌由真核细胞构成，乳酸菌由原核细胞构成。用来鉴别两者差异的主要结构是（C）

A．细胞壁　　B．细胞膜　　C．核膜　　D．细胞质

2．下列生物中，属于原核生物的是（C）

A．噬菌体　　B．衣藻　　C．大肠杆菌　D．草履虫

教学经历 4

“教”：一般来说，我们用肉眼是分辨不清细菌的，但是当它们以细胞群体的形式存在时，你可能见过，如淡水中的水华，海水中的赤潮。

教师展示资料，分组讨论水华和赤潮产生的原因。

“学”：学生分析资料，分组讨论交流水华、赤潮发生的原因及造成的危害等。

1. 分析交流水华、赤潮产生的具体原因和造成的危害？

2. 了解“发菜的过度采挖破坏了生态，我国已将发菜列为国家一级重点保护生物，予以保护”的事实。

“评”：水华的危害与解决、发菜的保护等问题的渗透使学生了解到“人与环境和谐相处”的重要性，对生物与环境心怀敬畏，会积极主动地宣传保护环境的知识。

“自我评价”：

下列有关池塘中出现的“水华”现象叙述，不正确的是（ A ）

A. 水体中有机养料含量太高，造成富营养化

B. 会造成水体中溶氧量降低，水生动物等大量死亡

C. 主要是蓝藻以细胞群体形式大量繁殖而导致的

D. 其起因及后果与海洋的“赤潮”现象极为相似

【知识建构】

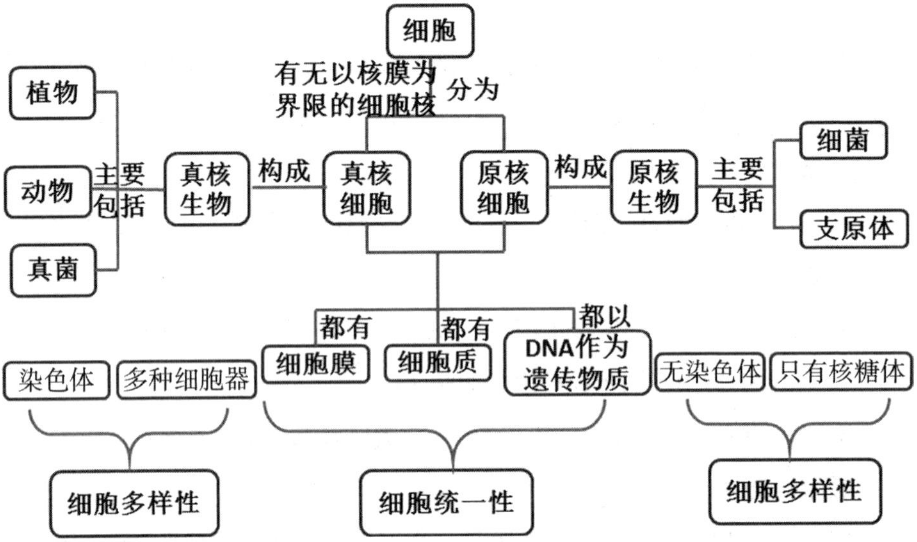

编写：江苏省新海高级中学　周　燕　　徐州市第一中学　杨　慧

修订：江阴市教师发展中心　崔敏霞

专题2　组成细胞的分子

课题1　细胞中的无机物

【学习目标】

1. 通过分析水的分子结构，能从结构与功能相适应的视角说出水在细胞中的存在形式和作用，认同水在生命活动中具有重要作用（侧重生命观念、科学思维）

2. 通过分析资料、思考与讨论，能举例说出无机盐在细胞中的存在形式和主要作用（侧重科学探究、科学思维）

【评价任务】

1. 分析生命系统不同结构层次水含量的异同，加深水在生命活动中具有重要作用的认识（指向学习目标1）

2. 分析水的分子结构，能从结构与功能相适应的视角说出水在细胞中的存在形式和作用（指向学习目标1）

3. 通过分析资料、思考与讨论，能举例说出无机盐在细胞中的存在形式和主要作用（指向学习目标1）

【教学经历】

学习内容1 生物体的含水量

教学经历1

"教":（现在的生物，包括生活在陆地上的生物也与水密不可分，请同学们阅读3个表的化合物的比例及含量，思考生物体内含水量的特点。）以表格的形式提供不同生物体或细胞中化合物含量的信息，引导学生思考总结生物体内含水量的特点。

"学"：阅读以下3个表中化合物的比例及含量（重点关注其中水的含量）。根据阅读获得的信息，思考下列问题。

大肠杆菌细胞中各种化合物	水	无机盐	蛋白质	脂质	糖类	核酸	其他
所占比例 /%	70	1	15	2	3	7	2

生物	水母	鱼类	蛙	哺乳动物	藻类	高等植物
水的含量 /%	97	80 ~ 85	78	65	90	60 ~ 80

器官或组织	牙齿	骨髓	骨骼肌	心肌	血液
水的含量 /%	10	22	76	79	83

（1）活细胞中含量最多的化合物是什么?

（2）不同生物体以及人体不同器官或组织的含水量如何?

（3）人体的心肌和血液含水量大体相似，但状态明显不同，请尝试给出合理的解释。

“评”：学生分析表格数据通过讨论、交流，总结出生物体内含水量的特点。通过分析、整理数据，培养学生的逻辑思维能力，同时合理设疑，激发学生进一步探究的欲望。

“自我评价”：

某人得了脂肪肝（即肝细胞中有过多的脂肪），下图中能正确表示他的肝细胞中四种化合物含量的是（ A ）

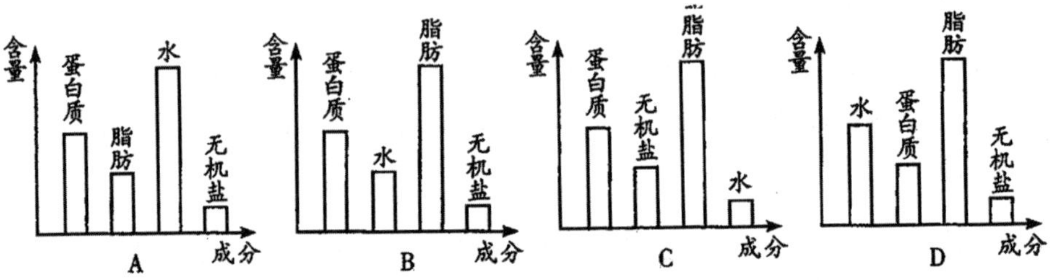

学习内容 2　水在细胞中的存在形式和作用

教学经历 2

“教”：提供关于水分子化学特性和作用的相关资料，引导学生小组合作，阅读资料并分析总结水的存在形式及其作用。

“学”：阅读下列几则资料分析，结合水分子具有极性的特点，探究细胞中水的存在形式及其在生命活动中的作用。

资料1：水分子由2个氢原子和1个氧原子构成，氢原子以共用电子对与氧原子结合。由于氧具有比氢更强的吸引共用电子的能力，使氧的一端稍带负电荷，氢的一端稍带正电荷。水分子的空间结构及电子的不对称分布，使水分子成为一个极性分子。生命活动中很多分子都是极性分子，易溶于水（如下图）。

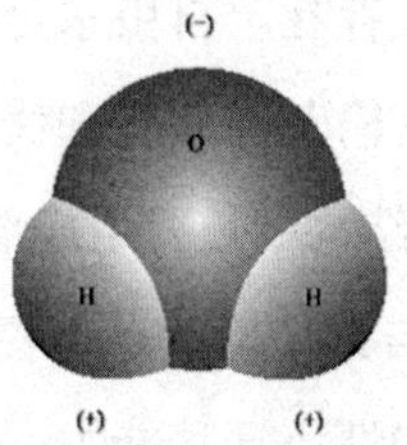

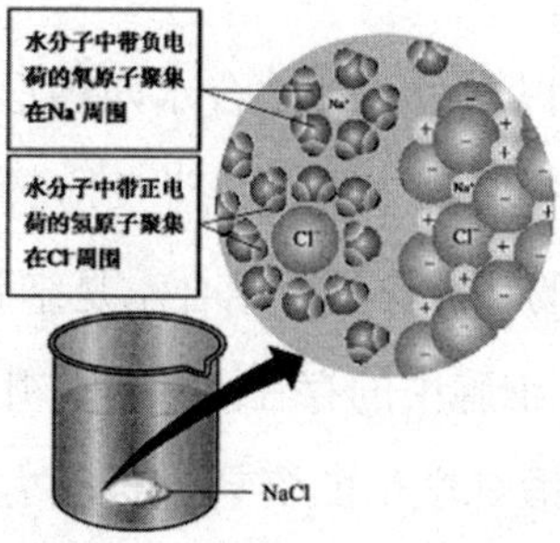

资料2：由于水分子的极性，当一个水分子的氧端（负电性区）靠近另一个水分子的氢端（正电性区）时，它们之间的静电吸引作用就形成一种弱的引力，这种弱的引力成为氢键。每个水分子可以与周围水分子靠氢键相互作用在一起（如下图）。氢键比较弱，易被破坏，只能维持极短时间，这样氢键不断地断裂，又不断地形成，使水在常温下能够维持液体状态，具有流动性。水分子的极性使水分子与其他极性分子之间也容易形成氢键，活细胞中，水可以附着在蛋白质、多糖等多种极性分子上参与细胞结构的组成。

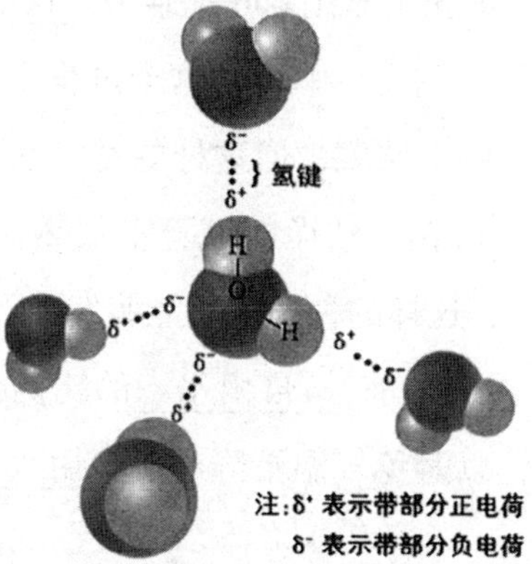

资料3：由于氢键的存在，水具有较高的比热容，这就意味着，与其他液体相比，升高（或降低）相同的温度，水吸收（或释放）的热量更多。水的这种特性，对于维持生命系统的稳定性十分重要。

资料4：生物体内的很多化学反应都需要水直接参与，如光合作用、水解反应等。

根据资料1 ~ 4，尝试归纳、总结细胞中水的存在形式及其在生命活动中的作用。

水在细胞中以自由水和结合水两种形式存在。自由水是细胞内良好的溶剂；直接参与细胞内许多生物化学反应；运输营养物质和代谢废物；对温度的变化具有较好的缓冲作用，结合水是细胞结构的重要组成部分。

“评”：水在细胞中的存在形式和作用与其结构特点密切相关，教师通过提供资料情境，锻炼学生的资料分析能力和情境迁移能力。组织学生进行自主学习和小组讨论，初步建立物质的结构与功能相适应的观念。

“自我评价”：

请回答下列问题（在“自由水”和“结合水”中选择填空）。

1. 水蜜桃果肉香甜多汁，当你咬开水蜜桃时冒出的汁水主要是<u>自由水</u>。

2. 新鲜鸡蛋和变质鸡蛋中的水分别主要以<u>结合水</u>、<u>自由水</u>的形式存在。

3. 同一植物中，幼叶细胞明显比老叶细胞中<u>自由水</u>的含量高。

4. 刚收获的玉米种子在阳光下晒干，这个过程主要减少了<u>自由水</u>的量而使其代谢水平降低，便于储藏，但这样的种子在条件适宜时，仍能萌发成幼苗。把晒干后的种子放在一洁净的试管中加热，试管壁上有水珠出现，这些水主要是<u>结合水</u>，这样的种子将不能萌发。

5. 北方冬小麦在冬天来临前，<u>自由水</u>的比例会逐渐降低，而<u>结合水</u>的比例会逐渐升高，以避免气温下降时<u>自由水</u>过多导致结冰而损害自身。

学习内容3　无机盐在细胞中的存在形式和主要作用

教学经历3

“教”：提供叶绿素分子和血红素分子的局部结构简图，以及植物在缺乏N、P等营养物质时出现的各种症状资料，引导学生分析无机盐在细胞中的存在形式和主要作用。

“学”：阅读下列资料分析，思考讨论无机盐对细胞和生物体的生命活动有什么重要作用？

资料1：下图是一种叶绿素分子和血红素分子（使红细胞呈现红色）局部结构简图。

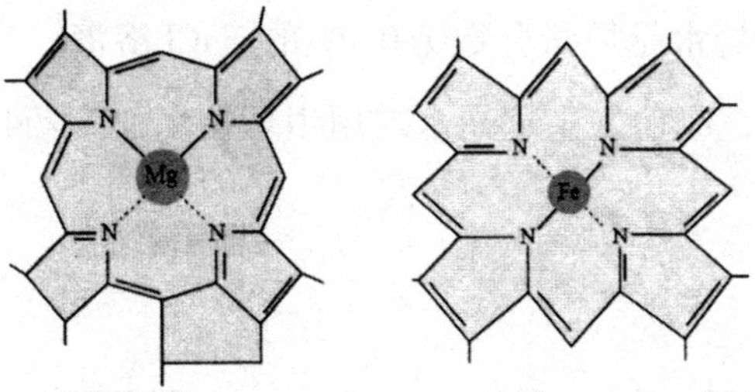

一种叶绿素分子（局部）　　血红素分子（局部）

资料2：植物在缺乏 N、P、K 等营养物质时会出现各种症状，因此生产过程中常要给植物施肥。玉米在生长过程中缺乏 P，植株就会特别矮小，根系发育差，叶片小且呈暗绿偏紫色。

讨论并回答下列问题：

（1）植物体缺 Mg 会影响光合作用，为什么？

（2）缺铁性贫血是贫血中常见的一种类型，缺铁会引起贫血的原因是什么？

（3）植物体缺 P 常表现为生长发育不正常，说明什么？分析为什么植物体缺 P 会影响其生长发育？

（4）除了上述无机盐离子外，你还知道哪些无机盐对细胞和生物体的生命活动有何重要作用？

“评”：在学生交流的基础上，师生共同归纳无机盐的存在形式和作用。通过组织学生进行自主学习和小组合作探究，分析事实、归纳概括，从而建立科学概念。

“自我评价”：

请回答下列问题。

（1）烘干的种子充分燃烧，得到的灰白色灰烬的主要成分是什么？该成分在细胞中存在的主要形式是什么？

（2）正常人血浆 PH 值应稳定在7.35 ~ 7.45，否则会出现酸碱中毒。剧烈运动后产生会乳酸或者摄入较多酸性食物，却并未出现酸中毒，这与血浆中的 HCO_3^- 和 HPO_4^{2-} 等离子有关。这说明无机盐离子具有什么作用？

（3）医用生理盐水是质量分数为0.9%的 NaCl 溶液。当人体需要补充盐溶液或输入药物时，应输入生理盐水或用生理盐水作为药物的溶剂，其原理是什么？

【知识建构】

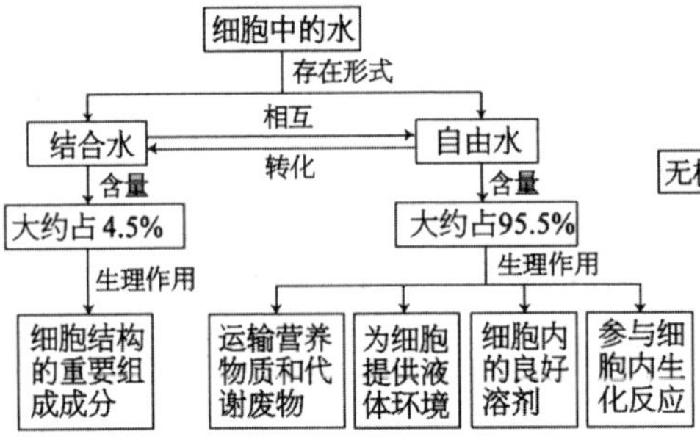

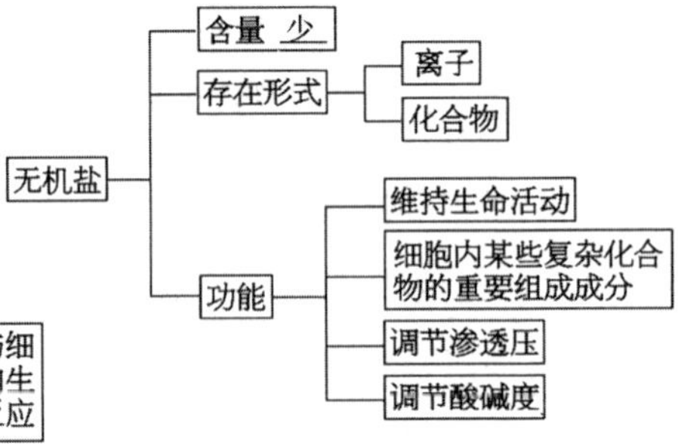

编写：宜兴市教师发展中心　李守宇

修订：江苏省苏州实验中学　帖步霞

课题2　蛋白质是生命活动的主要承担者（第1课时）

【学习目标】

1. 通过推导氨基酸分子的结构通式，提升知识迁移能力和逻辑推理能力；通过模拟脱水缩合的过程，培养学生动手能力和团结协作的能力（侧重科学思维）

2. 通过小组合作探究蛋白质结构的多样性，培养团结合作意识，培养观察、分析、比较、推理、归纳和提取有用信息的能力（侧重科学探究）

3. 认同蛋白质是生命活动的主要承担者及生物体结构与功能相统一的生命观，关注蛋白质研究的新进展（侧重生命观念）

【评价任务】

1. 从甲烷、氨气、乙酸的结构简式，推导出化学基团“$-CH_3$”“$-NH_2$”

“-COOH”（指向学习目标1）

2. 通过对甘氨酸、缬氨酸、丙氨酸、亮氨酸的比较分析，推导出氨基酸的结构通式（指向学习目标1）

3. 通过对脱水缩合反应的模拟，理解有机小分子氨基酸构成蛋白质有机高分子的过程（指向学习目标1）

4. 根据模型，探究蛋白质结构的多样性的原因（指向学习目标2）

5. 认同改变黏膜细胞表面的血管紧张素转化酶2的结构，就可以从分子水平切断新冠病毒的感染（指向学习目标3）

【教学经历】

学习内容1 初识蛋白质

“教”：请同学们来观看这样一段视频资料——“2019-nCoV 侵染黏膜细胞的过程”

阐述：2019-nCoV 的受体是细胞膜表面的血管紧张素转化酶2，病毒必须与该受体特异性结合才能侵染该细胞。黏膜细胞的表面就含有这种成分，而黏膜细胞在人体的分布很广，如呼吸道、消化道黏膜等，所以人体很容易被该病毒感染。

1. 怎样从分子层面水平切断新冠状病毒的传染途径？

2. 血管紧张素转化酶2的化学本质是什么？

3. 比较下面几种物质的相对分子质量，你能得出什么结论？

名称	H_2O（水）	H_2SO4（硫酸）	血管紧张素转化酶2
分子量	18	98	120000左右

“学”：学生观察分析、思考讨论问题

1. 学生思考，初步判断蛋白质是有机小分子还是大分子？

2. 通过改变血管紧张素转化酶2的结构，就可以避免黏膜细胞被2019-nCoV 病毒侵染。那么，怎样改变蛋白质的结构呢？蛋白质的结构又是怎样的，可不可以被改变呢？

“评”：学生通过比较不难发现蛋白质是一种有机高分子化合物，通过改

变血管紧张素转化酶2的结构，就可以避免黏膜细胞被2019-nCoV病毒侵染。血管紧张素转化酶2的结构是需要学习了解的，只有了解了其结构才能改变其结构从而阻断感染。

“自我评价”：

HIV病毒专门寄生在T细胞中，因为HIV病毒能特异性识别T细胞表面的CD4受体。

1. 怎样从分子层面水平切断HIV病毒的传染途径？

2. CD4受体的化学本质是什么？

学习内容2　蛋白质的基本组成单位

“教”：力争从学生熟悉的一些简单化学物质入手，逐渐推进各种化学基团、氨基酸结构的教学，回忆C、N、O三种元素在元素周期表中的位置。

1.C、N、O最外层电了数分别是多少？达到饱和状态（8个电子）还需要几个电子？

2. 请写出甲烷、氨气、乙酸的结构简式。

3.$-CH_3$、$-NH_2$、$-COOH$的名称分别是什么？

4. 将甲烷分子中的一个“$-H$”替换成“$-COOH$”，写出形成化合物的结构简式；将乙酸中的一个“$-H$”替换成“$-NH_2$”，写出形成化合物的结构简式。

“学”：学生观察分析、思考讨论问题。

1. 学生思考，回忆学过的化学知识。

2. 根据图示的4种氨基酸，思考下列问题。

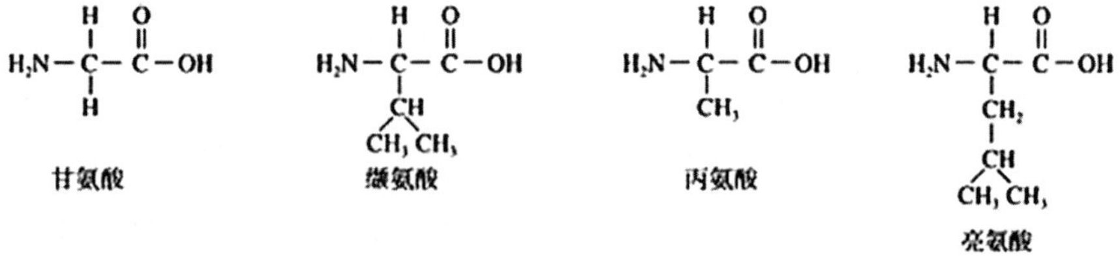

①它们有什么共同点？

②某分子是不是氨基酸的依据是什么？

③不同氨基酸的区别在哪里？

④总结氨基酸的结构通式？

“评”：在学生了解基本的化学基团，氨基、羧基之后，才能基本看懂几种氨基酸的结构，并从中归纳出异同点。

“自我评价”：

根据下列物质的结构式，判断不属于氨基酸的是（ C ）

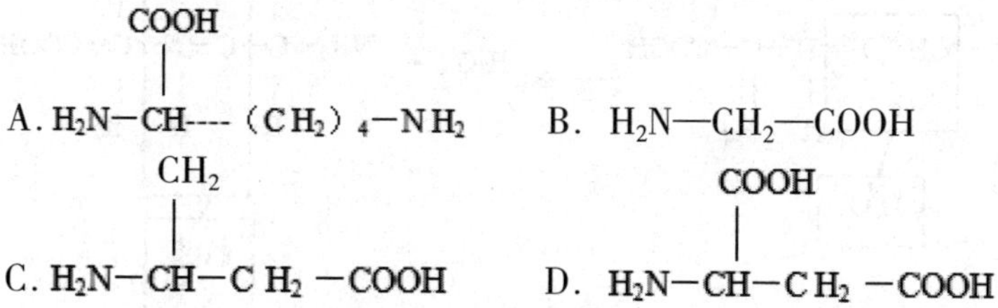

学习内容3 蛋白质的结构及其多样性

“教”：蛋白质的基本单位——氨基酸是有机小分子，并且大约有21种，而蛋白质却是高分子化合物，并且种类多达10^{10}~10^{12}种。氨基酸是如何构成蛋白质的呢？

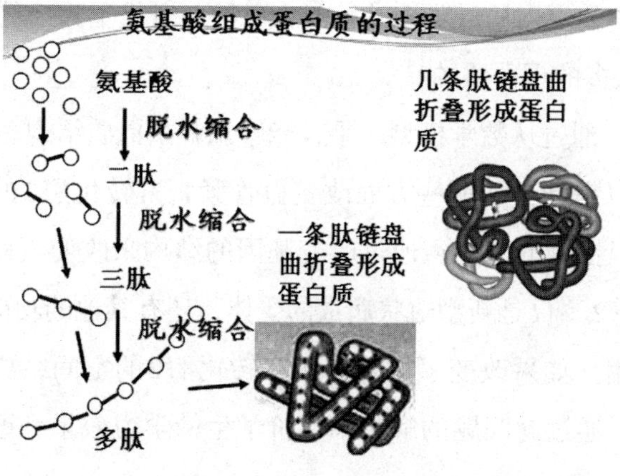

1. 据图分析，有机小分子氨基酸是如何构成高分子化合物蛋白质的？

2. 若将人比成氨基酸，则“头”“左右手”“躯干”“腿”分别可以代表氨基酸的哪些结构？

请两位同学来模拟一下两个氨基酸连接的方式。

3. 写出两个氨基酸合成二肽化合物的过程。

“学”：学生观察同学的模型演示分析、思考讨论问题。

1. 有机小分子氨基酸是如何构成高分子化合物蛋白质的？

2. 若将人比成氨基酸，则“头”“左右手”“躯干”“腿”分别可以代表氨基酸的哪些结构？

3. 写出两个氨基酸合成二肽化合物的过程。

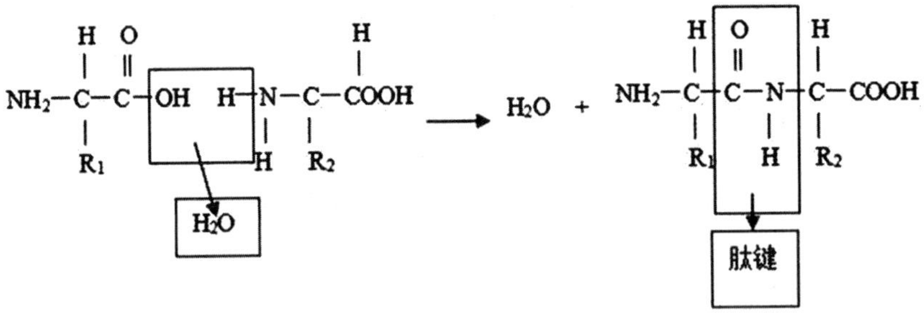

4. 请8位同学来代表8种不同的氨基酸，全班同学一起找规律——氨基酸、肽键、肽链、水分子数、蛋白质相对分子量的关系。

5. 现有甲、乙、丙3种氨基酸，且每种只有一个，能形成多少种三肽？

6. 现有甲、乙、丙3种氨基酸，每种有多个，则形成多少种三肽？

7. 生物界中的蛋白质种类多达10^{10}~10^{12}种，组成生物体的21种氨基酸是如何构成种类众多的蛋白质的？

“评”：学生通过从数学模型入手，能够理解蛋白质结构多样性的原因。

教师还可以提问：从哪些方面改变血管紧张素转化酶2的结构？蛋白质的合成是由基因控制的，能否通过改变基因的结构来改变蛋白质的结构？血管紧张素转化酶2不仅是新型冠状病毒的受体，还有其他的功能，如具有心脏和肾脏保护作用。如果改变了血管紧张素转化酶2的空间结构，影响了其正常功能怎么办？通过此问题的解决来评价学生的学习效果和锻炼学生的思维品质。

“自我评价”：

1. 生物体内的蛋白质千差万别，其原因不可能是（A）

A．脱水缩合的方式不同　　B．组成蛋白质的氨基酸种类和数量不同

C．氨基酸排列顺序不同　　D．蛋白质的空间结构不同

2. 某多肽的分子式为$C_{42}H_{65}N_{11}O_9$，它彻底水解后只得到以下3种氨基酸，

则此多肽中含有的赖氨酸个数为（B）

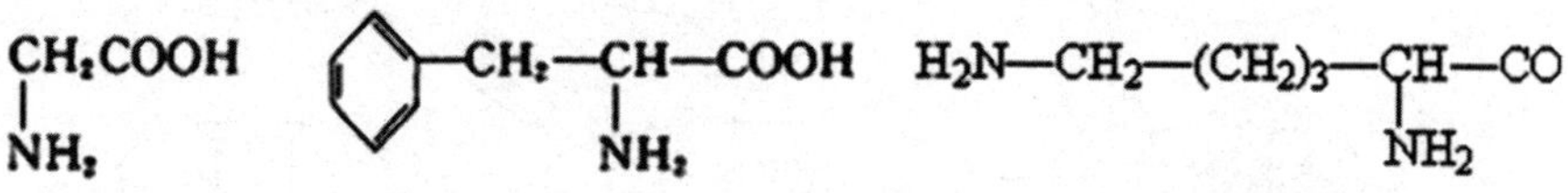

甘氨酸　　　　苯丙氨酸　　　　赖氨酸

A．2个　　B．3个　　C．5个　　D．8个

3．如图所示，一分子的胰岛素原切去C肽（图中箭头表示切点）可转变成一分子的胰岛素（图中数字为氨基酸序号），下列分析正确的是（AB）

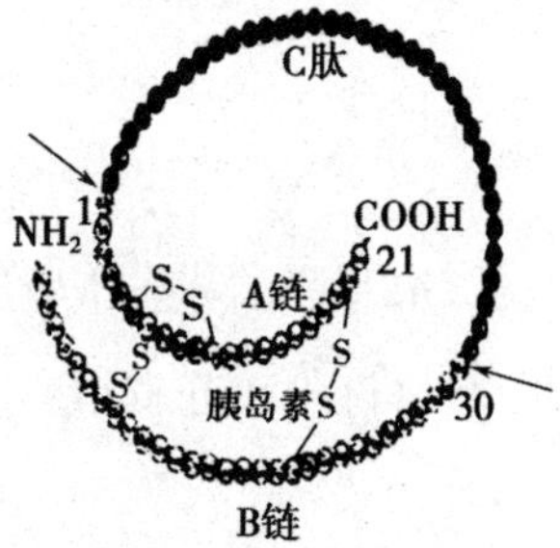

A．胰岛素分子具有49个肽键，合成它的过程中脱去水的数目至少是49个

B．S元素一定存在于氨基酸的R基中

C．胰岛素分子含有一个游离的氨基和一个游离的羧基

D．沸水浴时肽键断裂导致胰岛素生物活性的丧失

4．某50肽共有天门冬氨酸（R基团为—CH_2—COOH）5个，现去掉其中的天门冬氨酸得到4条长短不等的多肽（如下图），下列有关该过程的叙述中，错误的是（ A ）

A．O原子数目减少10个

B．C原子数目减少20个

C．氨基数目增加3个，羧基数目减少2个

D．肽键数目减少8个

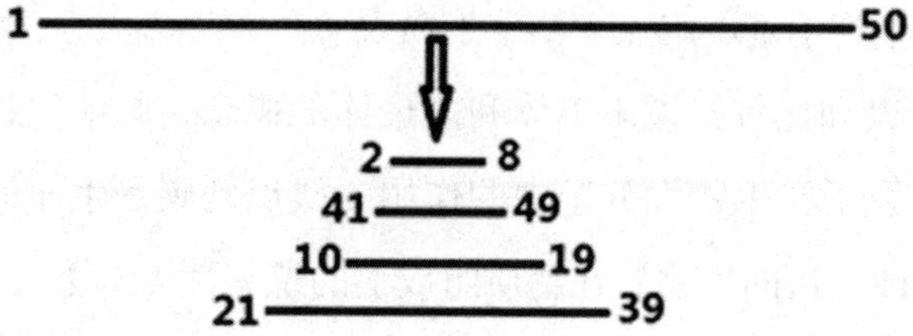

【知识建构】

完成下面有关蛋白质分子的概念图

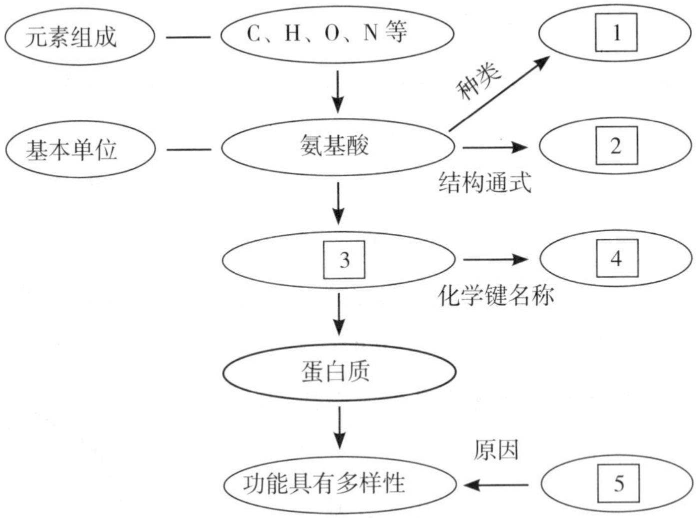

编写：江苏省华罗庚中学　王景花

修订：江苏省华罗庚中学　王景花

课题3　核酸是遗传信息的携带者

【学习目标】

1. 通过观察图解和完善表格，说出核酸的种类、元素组成、基本组成单位及功能，归纳 DNA 与 RNA 在细胞中的分布，认同核酸作为遗传信息的携带者，对于细胞这个生命系统的重要意义（侧重科学思维）

2. 通过直观比较脱氧核苷酸链的区别，对核苷酸链的多样性形成初步感性认识，认同核酸在细胞中有携带遗传信息的作用；通过观察和客观比较，分析 DNA 和 RNA 异同，用文字、图表等方式表述现象与结果，形成“结构决定功能”的生物学基本观点（侧重生命观念）

3. 通过观察和比较，说出单体和多聚体的概念，归纳生物大分子的结构特点，认同碳原子在生物大分子中的作用，认识到碳是生命的核心元素，认同生命的物质性，认同生物界在物质组成上的统一性（侧重科学思维）

【评价任务】

1. 结合图解，分析核酸的结构层次，了解核酸的功能（指向学习目标1）

2. 完善表格，总结核酸在不同细胞中的分布，并尝试设计探究实验（指向学习目标1）

3. 观察核苷酸并比较脱氧核苷酸和核糖核苷酸在化学组成上的异同（指向学习目标2）

4. 结合图解与表格，比较DNA和RNA在化学组成上的区别，从多个角度分析DNA和RNA的异同（指向学习目标2）

5. 总结不同生物的遗传物质，分析遗传信息的储存部位（指向学习目标2）

6. 理解单体与多聚体，认同碳原子在生物大分子中的作用（指向学习目标3）

【教学经历】

学习内容1　核酸的种类、功能及在细胞中的分布

教学经历1

"教"：（在案件侦破过程中经常收集案发现场的血液、头发等样品，这样做的目的是什么呢？请同学们观看视频阅读资料，思考以下问题。）以视频和资料的形式提供DNA鉴定技术的应用，引导学生思考DNA为什么能提供生物的相关信息。

"学"：学生观看视频阅读资料，思考讨论问题。

问题情境：相关视频。

问：公安干警在案件侦破工作中经常收集案发现场的血液、头发等样品。你知道案发现场收集的血液、头发样品有什么作用吗？

资料1：DNA记录了每个人有别于他人的遗传信息，全世界人人不相同。它和指纹一样具有绝对的个体特征，人们就可以像分辨指纹那样分辨每个人，故将DNA分析图谱称为"DNA指纹"。

资料2：DNA指纹是一份生物医学的"身份证"，是独一无二的，将跟随终生，对防止新生儿错抱、预防走失、血缘认定、亲子鉴定、财产继承等方面都有意想不到的功能和用途。DNA指纹是非常精确的，误差率在百万分之一以下，现在已被广泛用于鉴定个体和法医DNA分析。

设问：那 DNA 是什么？为什么 DNA 能够提供犯人嫌疑人的信息？我们这节课就来揭晓这些答案。

请同学们自主学习，填写下图和表格，分析核酸的结构层次，了解核酸的功能。学生填写后展示。

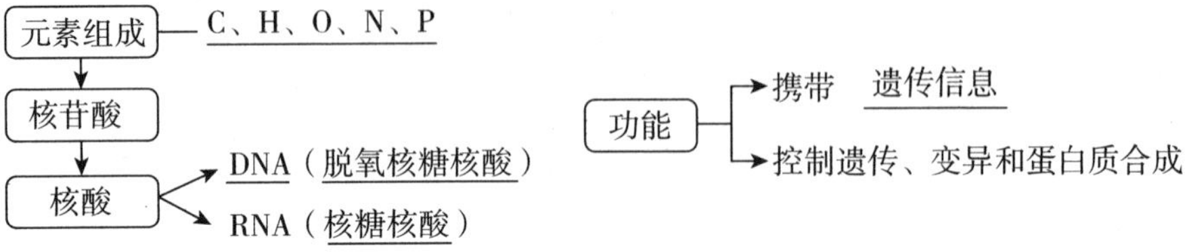

细胞类型	核酸	分布
真核细胞	DNA	主要在细胞核，少数在线粒体、叶绿体
	RNA	主要在细胞质（线粒体、叶绿体、核糖体）
原核细胞	DNA	主要在拟核
	RNA	主要在细胞质

“评”：通过自主学习，学生总结出核酸的元素组成，了解核酸的分布、功能，理解核酸的结构层次。

“自我评价”：

1. 下列叙述中，哪项不是核酸的生理功能（ C ）

A. 作为遗传信息的载体，存在于每个细胞中

B. 是生物的遗传物质

C. 是生物体进行生命活动的主要承担者

D. 对生物体的遗传、变异和蛋白质的生物合成有极其重要的作用

2. 人体细胞中的 DNA 存在于（ A ）

A. 细胞核和线粒体　　　　B. 线粒体、叶绿体和细胞核

C. 线粒体和拟核　　　　　D. 细胞核、线粒体和核糖体

学习内容 2　核酸的分子结构

教学经历 2

“教”:（请同学们打开桌上的信封，拿出里面的卡纸模型，想一想，圆形、五边形、长方形纸片分别代表什么？大家再观察一下，五边形、长方形分别有几种颜色，颜色的不同可代表什么？拓展一个小知识，五碳糖上标注的数字表示碳原子的位置，伸出的这根小手臂上的碳是5号碳，往下依次是4号、3号、2号、1号碳，五边形的正顶点处是O原子。展示思考脱氧核糖和核糖的结构图，思考脱氧核糖和核糖有何不同？长方形的颜色有几种？它们分别叫什么名称？）下面请小组合作，用手中的模型和订书机构建各种核苷酸模型。

“学”：在教师的问题引导下理解各种小分子模型代表的成分，然后小组合作构建核苷酸模型并展示，小组间相互点评。

“评”：以问题串的形式帮助学生理解磷酸、五碳糖、碱基模型，从而构建模型。

教学经历 3

“教”:（构成DNA和RNA的核苷酸有什么区别和联系呢？）引导学生对构建的8种核苷酸模型和下图信息讨论分析，对核苷酸进行命名，分析归纳出DNA和RNA在组成成分上有哪些异同点。

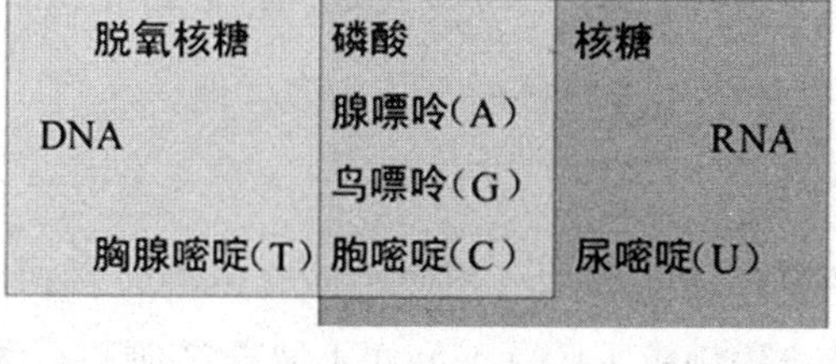

“学”：对构建的8种核苷酸模型和图解信息讨论分析，对核苷酸进行命名，分析归纳出DNA和RNA在组成成分上有哪些异同点。

“评”：填表比较DNA与RNAN的异同。

比较项目	核苷酸（种）	五碳糖（种）	碱基（种）
DNA	4	1	4
RNA	4	1	4
核酸	8	2	5

教学经历 4

“教”：（核苷酸又是怎样构成核酸的呢？不同的核酸分子的差异体现在哪里呢？）引导学生进行小组合作讨论，尝试将刚构建的多个脱氧核苷酸和多个核糖核苷酸分别连成长链，看看能不能先探索出相应的连接方式。然后播放动画 DNA、RNA 空间结构的形成过程，帮助学生理解核苷酸之间的连接方式，再请学生对构建的核苷酸链进行修正。引导学生观察各组模型的不同点，讨论 DNA 分子能提高生物鉴定信息的原因。

“学”：小组合作讨论，尝试将刚构建的多个脱氧核苷酸和多个核糖核苷酸分别连成长链，探索相应的连接方式。然后根据 DNA、RNA 空间结构的形成过程动画，理解核苷酸之间的连接方式，再对组内构建的核苷酸链模型进行修正，然后展示。观察各组模型，讨论出各组所构建模型的不同点和 DNA 分子能提供生物鉴定信息的原因。

“评”：尝试多种连接方式，提高学生的思维能力。通过动画和直观模型加深对核苷酸连接方式的理解，并适当理解 DNA 和 RNA 的空间结构。通过分析构建的模型，帮助学生理解核酸分子的多样性。

“自我评价”：

3. 烟草花叶病毒的遗传物质（RNA）彻底水解后得到了 a、b、c 三种化合物，T2 噬菌体的遗传物质（DNA）彻底水解后得到了 a、b、d 三种化合物。c、d 两种化合物分别指的是（　C　）

A. 尿嘧啶、胸腺嘧啶　　B. 胸腺嘧啶、尿嘧啶

C. 核糖、脱氧核糖　　D. 尿嘧啶、腺嘌呤

教学经历 5

“教”：（通过学习，我们已经知道了核酸是一切生物的遗传物质，不同生物的遗传物质是否一样呢？）引导学生分析讨论不同生物的遗传物质，进行归纳总结。

“学”：分析讨论不同生物的遗传物质，进行归纳总结，并完成表格。

生物种类	核酸	遗传物质	核苷酸（种）	碱基（种）	生物举例
病毒	有的只含 DNA	DNA	4	4	噬菌体
	有的只含 RNA	RNA	4	4	HIV 病毒、SARS 病毒
原核生物	含 DNA 和 RNA	DNA	8	5	细菌、蓝藻
真核生物	含 DNA 和 RNA	DNA	8	5	植物、动物、真菌

“评”：考查学生对所学知识的迁移应用能力。

“自我评价”：植物叶肉细胞中由 A、G、U 参与组成的核苷酸有多少种？噬菌体、SARS 病毒呢？

学习内容 3　生物大分子以碳链为骨架

教学经历 5

“教”：（核酸是生物大分子，除了核酸还有什么成分是生物大分子？生物大分子有哪些共同特点呢？）呈现葡萄糖、氨基酸、核苷酸的结构图解，判断它们分别是哪种生物大分子的单位，引导学生分析这些单位的结构式，找出在元素组成上这些单位有什么共同特征。思考为什么碳是生命的核心元素？

“学”：仔细观察葡萄糖、氨基酸、核苷酸的结构图解，判断它们分别是哪种生物大分子的单位，从元素组成上分析共同特征。理解单体和多聚体的关系。

学生填写表格：

多聚体（生物大分子）	多糖	蛋白质	核酸
单体（基本单位、小分子）	葡萄糖	氨基酸	核苷酸
组成元素	C、H、O	C、H、O、N	C、H、O、N、P

“评”：从核酸到其他生物大分子，理解生物界的统一性。

“自我评价”：

1. 下列关于生物大分子的叙述，不正确的是（ D ）

A. 蛋白质是以氨基酸为基本单位构成的生物大分子

B. 核酸是储存遗传信息、控制蛋白质合成的生物大分子

C. 碳原子的不同排列方式和碳链的长短是生物大分子多样性的基础

D. 淀粉、糖原、纤维素以及果糖、乳糖都是生物大分子

【知识建构】

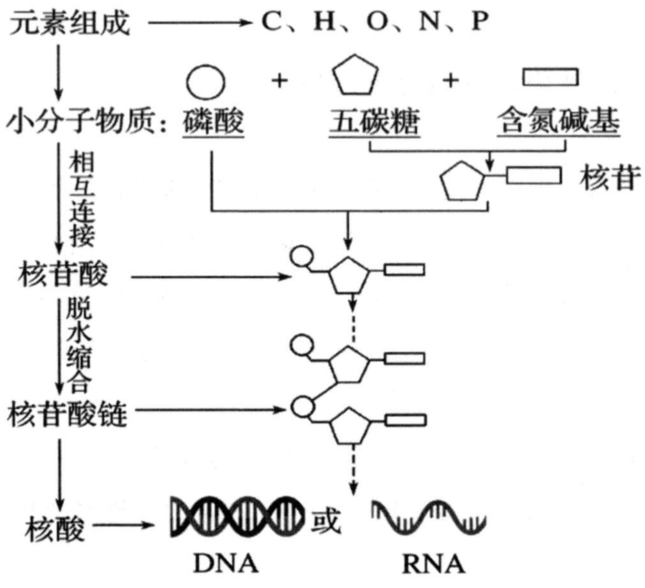

【知识拓展】

情境设计：珍奥核酸是一款保健营养品，有宣传称它能有效提升人体的

免疫力。珍奥核酸既能调节机体各系统的机能组织，也能促进身体的健康修复，对于促进代谢及调理体质方面也具有一定的作用。珍奥核酸的作用和功效你怎么看?

学生讨论

情境：科学家观点

加州理工学院院长戴维·巴尔的摩（1975年诺贝尔医学奖得主）：据我所知，没有证据表明核酸是一种营养物，或者它有益健康。在我看来它不可能有任何益处。

斯坦福医学院的保罗·伯格（1980年诺贝尔化学奖得主）：核酸"绝对没有"和"没有任何特殊的营养价值"。

1978年的诺贝尔奖得主，瑞士巴塞尔大学的维尔纳·阿尔伯：据我所知，我们过健康的生活并不需要额外的核酸。

问：同学们，你们的观点……

【板书设计】

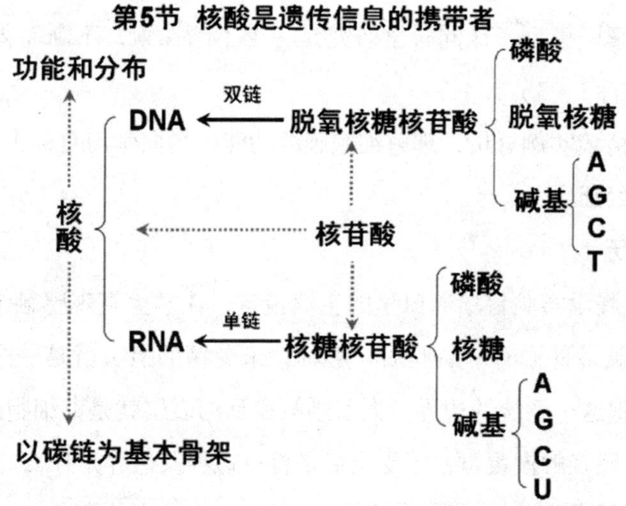

编写：江苏省如东高级中学 张 伟　　苏州市陆慕高级中学 陈海波

修订：江苏省如东高级中学 张 伟

专题3 细胞的基本结构

课题1 细胞膜的结构和功能

【学习目标】

1. 根据科学史资料，归纳与概括，演绎与推理，构建并阐明细胞膜成分、流动镶嵌模型的基本内容，培养科学思维的能力（侧重科学思维）

2. 通过情境实例分析，理解细胞膜的功能，树立结构和功能相适应的生命观念（侧重生命观念）

3. 根据科学家研究历程，认同科学研究是一个不断探索，不断完善的漫长过程，感受科技发展的重要作用，培养社会责任感（侧重社会责任）

【评价任务】

1. 结合探索细胞膜成分的科学史资料，分析推理，概括总结，阐明细胞膜的成分（指向学习目标1）

2. 结合探索细胞膜结构的科学史资料，演绎推理，批判与反思，构建细胞膜的流动镶嵌模型，认同科学研究是一个不断探索，不断完善的漫长过程（指向学习目标1、3）

3. 通过情境实例分析，理解细胞膜的功能（指向学习目标2）

【教学经历】

教学经历1

“教”：展示实验台培养皿里的生鸡蛋黄，让学生直观感触细胞膜。在学生感受到蛋黄最外面有一层膜后，解释：未受精的蛋黄就是一个卵细胞，卵黄膜为卵细胞这一系统的边界，大家刚触摸到的表层就是卵细胞的细胞膜。

“学”：轻轻触摸蛋黄，感受蛋黄是否有边界及边界是什么。

“评”：联系生活，感受细胞膜的存在，由生活中的现象进一步思考。

学习内容1 细胞膜的成分

教学经历2

“教”：（细胞膜的成分是多位科学家经过长期的探索而发现的，大家分析实验，你能得出哪些结论呢？）指导学生阅读课本的“科学家对细胞膜成分的探索历程”内容，用问题串的形式引导学生思考问题。

“学”：学生阅读课本的“科学家对细胞膜成分的探索历程”内容，讨论回答问题。

1. 欧文顿根据他上万次的实验做出什么推测？推测的理由是什么？推测的原理是什么？细胞膜是由脂质组成的。能容易穿过细胞膜的几乎都是溶于脂质的物质。

2. 科学家欧文顿是通过现象推理分析，还是通过膜成分的提取与检测推理分析？

3. 一个观点要成为真理，光只有推理是不够的。我们还需要去证明。如果你是科学家，你该怎么直接证明细胞膜的成分是脂质呢？细胞膜是否只有磷脂这一种主要成分呢？

提取细胞膜，分析它的化学成分是否有脂质。

补充资料：1935年，英国学者丹尼利和戴维森研究了细胞膜的张力，发现细胞的表面张力明显低于油—水界面的表面张力。由于人们已经发现油脂滴表面如果吸附有蛋白质成分则表面张力会降低，丹尼利和戴维森推测细胞膜除含有脂质分子外，可能还附有蛋白质。

4. 在有科学家提出细胞膜上可能还附有蛋白质这个想法时，你能不能用你所学的知识去证明里面是否有蛋白质？

提取细胞膜的结构，分析其成分。如用双缩脲试剂去检测，出现紫色即有蛋白质。

补充资料：20世纪初，科学家分离得到哺乳动物红细胞的细胞膜，发现它可被蛋白酶（能专一地分解蛋白质）水解。根据多位科学家对细胞膜成分的研究发现，细胞膜的成分中还含有少量糖类。

5. 细胞膜中有哪些成分？细胞膜的主要成分是蛋白质和脂质，还有少量糖类。

“评”：结合科学史资料和相关问题，引导学生分析得出细胞膜的成分，培养学生的科学思维能力。

“自我评价”：

细胞膜成分	鉴定试剂	结果
磷脂	脂溶剂处理	细胞膜被溶解
	磷脂酶处理	细胞膜被溶解
	脂溶性物质透过实验	脂溶性物质优先通过
蛋白质	双缩脲试剂处理	呈紫色
	蛋白酶处理	细胞膜被破坏

学习内容2 细胞膜的结构

教学经历3

“教”：（通过前面的学习，我们已经知道了细胞膜的成分，那么这些成分是怎样组成细胞膜的呢？）以问题串的形式，层层递进，适时指导补充，引导学生构建细胞膜的结构模型并理解流动镶嵌模型的内容。

“学”：构建细胞膜的结构模型并理解流动镶嵌模型的内容。

教师：作为膜重要组成成分的磷脂，它是如何参与构成细胞膜结构的呢？我们要了解它如何起作用，得先了解它的结构。

学生：观察磷脂分子结构式。

教师：磷脂分子头部基团具有亲水性特点，脂肪酸一端为尾部，具有疏水特点。

教师：细胞内含量最多的化合物是水，作为细胞膜结构的一分子，磷脂分子不可避免接触到水分子。若将多个磷脂分子放入水中，请根据磷脂分子的特点，尝试画出这些磷脂的分布模式图。

学生分组活动，教师巡逻指导。

学生综合讨论，画出两种在水中的磷脂分子分布图。

教师引导深入思考：你觉得细胞膜结构可能是哪一种，并说明理由。

两种思路的代表学生进行辩论，最终统一想法：第二种分子图成立的可能性更大，理由是细胞膜内外两侧都是水环境。

教师：这是我们利用磷脂分子的特点推测得到的，那是否正确呢？有没有实验来证明呢？

教师指导学生阅读课本资料：1925年，两位荷兰科学家从人红细胞中提取脂质，在空气—水界面上铺成单分子层，测得单分子层面积是细胞膜表面积的2倍。

学生深入理解：细胞膜结构中存在连续的2层磷脂。

教师：为什么磷脂分子在空气—水界面上会铺展成单分子层？你能尝试画出该条件下的磷脂分子分布图吗？

学生分组活动，教师巡逻指导。

教师小结并承转：根据磷脂分子在空气—水界面上会铺展成单分子层，单分子层面积是细胞膜表面积的2倍的特点，确定了细胞膜的主要成分确实为连续排列的两层磷脂。那另外一个重要的组成成分蛋白质是如何分布在这两层磷脂上的呢？

教师展示资料：丹尼利和戴维森根据细胞表面张力明显低于油—水界面的表面张力，推测细胞膜中除了脂质分子，还有蛋白质，并提出“蛋白质－脂质－蛋白质”的三明治式的膜结构模型。

教师承转：随着科技的发展，有科学家完善了这种膜结构模型理论。

学生阅读课本文字及图，讨论思考。

教师：1959年，罗伯特森提出了细胞膜的结构模型是什么？依据是什么？其主要内容是什么？该模型优点有哪些，缺点有哪些？

学生：罗伯特森提出了“单位膜模型”。依据电子显微镜下看到的结构来推测。主要内容是所有的生物膜都是由蛋白质—脂质—蛋白质的单位膜构成。缺点是他把细胞膜描述为静态的统一结构。

教师解释电镜图：如果用高锰酸钾或者锇酸固定细胞时，电镜超薄切片中的细胞质膜显示出暗—亮—暗三条带，两侧的暗带厚度约2nm，推测它是蛋白质，中间亮带厚度约3.5nm，推测它是脂双层分子，整个膜的厚度约7.5nm这一模型得到X射线衍射分析结果的支持。优点是发展了三明治式模型，与三明治式模型的主要区别是膜脂双分子层内外两侧蛋白质存在的方式不同。

教师：不同的膜其厚度不都是7.5nm，一般在5 ~ 10nm之间；细胞生长，变形虫运动等问题是“单位膜模型”无法解释的现象。可见，“单位膜”模型存在一定的局限性。科学家们没有停下研究的脚步。阅读教材，思考问题。

教师：1970年，科学家利用细胞融合结合免疫荧光标记技术证明，质膜的结构特点是什么？描述他的实验过程。

学生：质膜的结构特点是具有流动性。科学家将发绿色荧光的染料标记小鼠细胞表面的蛋白质分子，用发红色荧光的染料标记人细胞表面的蛋白质分子时，将小鼠细胞和人细胞融合。刚融合时，融合细胞的一半发绿色荧光，另一半发红色荧光。在37℃下经过40min，两种颜色的荧光均匀分布。

教师展示资料：相继发展的电镜冰冻蚀刻技术显示了双层膜脂中存在膜蛋白颗粒。

教师：可见，细胞融合结合免疫荧光标记技术和电镜冰冻蚀刻技术证明了“单位膜”模型中部分内容描述确实不够精确。经过多位科学家的努力，补充和完善，目前被大多数人认可的细胞膜结构模型是什么呢？提出该模型的科学家是谁？该模型认为细胞膜的主要成分有哪些呢？膜的基本支架是怎样的呢？膜蛋白分布特点是什么呢？膜具有流动性的原因是什么呢？

师生共同总结：1972年，辛格和尼科尔森提出流动镶嵌模型。细胞膜的主要成分是磷脂和蛋白质。膜的基本支架是磷脂双分子层。膜具有流动性是因为膜的磷脂均可侧向自由运动，膜蛋白大多能运动。膜蛋白分布具有不对称性（蛋白质镶嵌、覆盖、贯穿）。细胞膜表面有糖蛋白，糖脂，这些糖被称为糖被，它与细胞识别，细胞间的信息传递等功能有关。

教师：近些年，随着科技的发展，对膜的流动性有了新的理解，即“脂筏模型”。它认为以磷脂为主体的膜上，胆固醇等物质富集区域形成相对有序的脂相，如同漂浮在脂双层上的“脂筏”载着各种膜蛋白发挥作用。历经多年，多位科学家不懈的努力研究，细胞膜的结构被慢慢揭开面纱，但研究不会终止。

教师：科学家探索细胞膜成分和结构的过程，使用了哪一种科学方法？

师生分析总结：科学家都是先提出假说，即先根据已有知识或者信息提出解释某一生物学问题的假说，再用进一步的观察和实验对其进行修正和补充。即假说－演绎法。

“评”：结合科学探究过程和相关问题，引导学生理解“模型与建模”，概括流动镶嵌模型的要点。帮助学生认同“结构与功能相适应”的观念，学习提出假说的科学方法，培养学生的科学思维和基本的科学探究能力。

“自我评价”：判断正误。

（1）细胞都具有细胞膜，但不一定具有磷脂双分子层（ × ）

（2）胚胎干细胞与胰腺腺泡细胞相同的是膜蛋白的种类和数量（ × ）

（3）变形虫和草履虫的细胞膜基本组成成分不同（ × ）

（4）细胞膜含有糖脂和糖蛋白（ √ ）

（5）细胞膜上的大多数蛋白质是可以运动的（ √ ）

（6）膜中的磷脂分子是由胆固醇、脂肪酸和磷酸组成的

学习内容 3 细胞膜的功能

教学经历 4

“教”：（结构决定功能，细胞膜的结构我们已经熟悉，细胞膜又具有哪些功能呢？）通过实例，层层设疑，引导学生推理分析，概括细胞膜的功能。

“学”：学生阅读教材，讨论、推理、分析，概括细胞膜的功能。

教师：细胞膜作为细胞的边界，它具有什么作用呢？先请同学们用牙签戳破蛋黄膜，观察现象，总结细胞膜具有什么功能？

学生：细胞膜将细胞与外界环境分隔开，保障了细胞内部环境的相对稳定。

教师：这是细胞膜功能中的其中一个，它还有其他什么功能呢？请看图。

教师展示台盼蓝染液染色后的死细胞和活细胞图、注射伊红染料后的变形虫图。

学生分析并总结：活的细胞膜能控制物质进出细胞。

教师：你认为哪些物质可以进入细胞，哪些物质可以被排到细胞外，试试举例说明。

学生：营养物质、氧气可以进入细胞，二氧化碳、代谢废物等可以被排出细胞。

教师补充：如激素，抗体也是需要分泌到细胞外的。细胞膜的这个功能体现了什么特点？

学生：选择透过性。

教师：细胞膜控制物质进出这个功能主要依靠细胞膜上的蛋白质来完成。如果细胞膜上的蛋白质种类和数量很多，这个细胞的功能就越复杂。

教师：细胞膜对物质的控制能力是无限的吗？

学生：细胞膜对物质的控制能力是有限的。如细菌病毒、重金属物质等对细胞有害的物质也可以进入细胞。所以这种特性具有相对性。

教师：多细胞生物体内，各个细胞都不是孤立存在的，他们之间必须保持功能的协调、信息的交流，才能使生物体健康地生存着。

教师展示动画——“激素在人体中如何发挥作用？”

学生观看视频，思考：细胞和细胞之间如何传递信息？

学生描述：激素通过血液传到它发挥作用的细胞，然后与细胞表面的结构结合，或者与细胞内的结构结合，影响个体的生命活动。

教师展示细胞间信息交流方式模式图。

教师：激素是由内分泌细胞产生的，激素作用的细胞叫靶细胞，激素在这两个细胞间就相当于一种信息分子。靶细胞上与激素结合的结构是受体，即细胞膜上的糖蛋白。

教师：生物体内还有其他的细胞和细胞之间传递信息的方式。

教师展示某种动物的精子和卵子的结合图。

学生：精子和卵子是通过直接接触来相互识别的。

教师展示资料——将青蛙的卵子和蟾蜍的精子放在同一水环境中，两者没有结合。

教师：这个例子说明了什么？

学生：精子和卵子的识别具有特异性，取决于细胞表面的受体。

教师：在高等植物体内还存在一种特殊的细胞间信息交流方式，像传声筒一样传递信号，叫胞间连丝。

学生：细胞膜有将细胞与外界环境分隔开，控制物质进出细胞和进行细胞间的信息交流三大功能。

“评”：通过实例，提升推理分析能力，引导学生概括细胞膜的功能，加深对“结构与功能相适应”的理解。

“自我评价”：

1. 下面记录了对玉米籽粒的处理方法和观察到的实验结果，根据该实验可以推测（ B ）

实验处理	将玉米籽粒浸泡一定时间，从中间切开后用稀释的红墨水染色	将浸泡后的玉米种子煮熟，从中间切开后用稀释的红墨水染色
实验现象	胚细胞着色浅	胚细胞着色深

A. 细胞膜具有控制物质进出的作用

B. 活细胞膜具有选择透过性

C. 细胞膜具有全透性

D. 红墨水容易进出玉米细胞

2. 下列3个图表示细胞间交流信息的三种方式。下列相关叙述中正确的是（ B ）

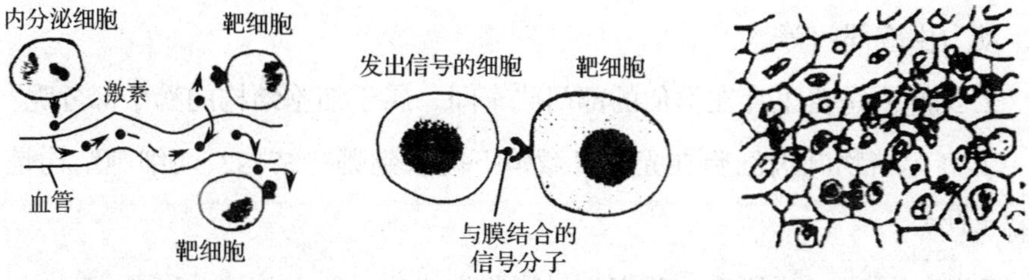

A. 雌激素作用于乳腺细胞的信息交流方式与第一张图所示的不同

B. 精子和卵细胞受精时要发生第二张图所示的信息交流方式

C. 第三张图图中植物细胞依靠胞间连丝交流信息，但不能交换物质

D. 第二张、第三张图图中靶细胞表面上与信号分子结合的受体，其水解产物只有氨基酸

课题2　细胞器之间的分工合作（第1课时）

【学习目标】

1. 探究分析科学史，掌握实验室分离细胞器的一般流程和方法（侧重科学探究）

2. 通过各种细胞器的亚显微结构图观察，学习自主建构细胞器模型（侧重科学思维）

3. 通过比较不同细胞器之间的结构差异，不同细胞中细胞器种类和数量的差异，明确结构与功能相适应，局部与整体相统一的生物学观点（侧重生命观念、科学思维）

【评价任务】

1. 能说明差速离心法后的各部分分层中含有的细胞结构（指向学习目标2）

2. 分组建构细胞器的模型并解说展示（指向学习目标3）

3. 能组合不同类型细胞的细胞器（指向学习目标4）

【教学经历】

学习内容1　细胞器的分离——差速离心法

"教"：展示资料导入，工厂一般都由若干个车间和部门组成。例如，有采购原料的部门，进行初加工的车间，生产产品的车间，质检部门，销售部门，动力供应部门等。

1. 细胞内是否也存在类似的部门或车间，属于细胞结构的哪个部分呢？

2. 高等植物叶肉细胞在光学显微镜下能看到哪些结构？而细胞结构是否只有这些？

可以怎样进一步研究？我们学过哪些方法？

3. 仔细阅读科学家的探究历程资料，说一下其中的研究方法是什么？用流程图的形式来表述其步骤。

科学史料：科学家——**克劳德的故事**。

在细胞学说创立的100年间，人们对细胞的研究基本停留在简单观察和形态描述的水平，细胞在生物学家的眼中多多少少还像一团胶状物，里面杂乱地散布着一些含混不清的东西。此时出现了一名科学家——美国的细胞生物学科学家克劳德，他决心把细胞内部的组分分离开，探索细胞内组分的结构和功能。当时分离细胞器所遇到的困难是今天的人们难以想象的。许多人对他冷嘲热讽，认为把好好的细胞弄碎是毫无意义的。但是克劳德坚信，要深入了解细胞的秘密，就必须将细胞内的组分分离出来。经过艰苦的努力，他终于摸索出采用不同的转速对破碎的细胞进行分离的方法，将细胞内的不同组分分开。这就是一直沿用至今的“差速离心法”。通过这种方法克劳德将细胞分成了很多部分，并从细胞中将各种细胞器分离开了，这为人们更好地了解细胞做出了杰出的贡献。

差速离心法的原理是：差速离心主要是采取逐渐提高离心速度的方法分离不同大小的细胞器。起始的离心速度较低，让较大的颗粒沉降到管底，小的颗粒仍然悬浮在上清液中。收集沉淀，将较高的离心速度作用于悬浮液，将较小的颗粒沉降，以此类推，达到分离不同大小颗粒的目的。

“学”：

1. 细胞的一系列生产车间就是细胞的细胞器

植物细胞结构
- 细胞壁
- 细胞膜
- 细胞质
  - 细胞器
  - 细胞质基质
- 细胞核

动物细胞结构
- 细胞膜
- 细胞质
  - 细胞器
  - 细胞质基质
- 细胞核

2. 细胞结构还可以用电子显微镜观察，或者用物质提取的方法（如细胞膜的成分分离）

3. 差速离心法的步骤有哪些？

“评”：差速离心法逐步分离出的细胞结构如下图，根据该方法原理来分析这些细胞结构之间有什么差别？ D的上清液中还有哪些结构？

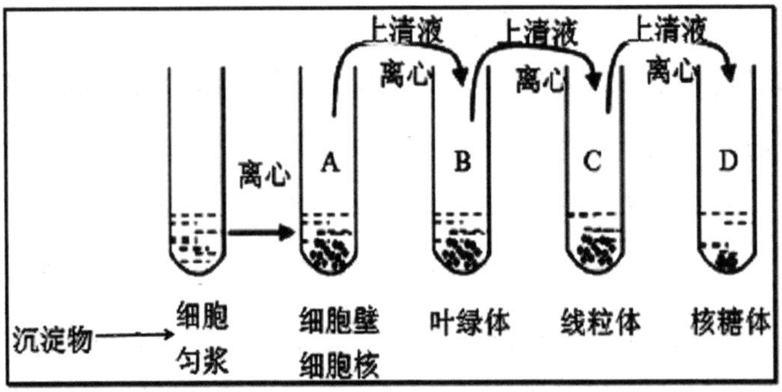

“自我评价”：

常用的分离细胞器和制备纯净的细胞膜的生物科学方法是（ D ）

A. 模型构建法　B. 荧光标记法　C. 同位素示踪法 D. 差速离心法

学习内容2　不同细胞器的结构功能、细胞骨架

“教”：制作细胞器物理模型。观察教材 P48~49 的细胞结构图，分发橡皮泥和细胞器名称，分组完成各种细胞器的物理模型制作，并在大卡片上完成该细胞器的文字介绍。

“学”：根据分组任务完成某种细胞器的物理模型制作和展示介绍

1. 线粒体

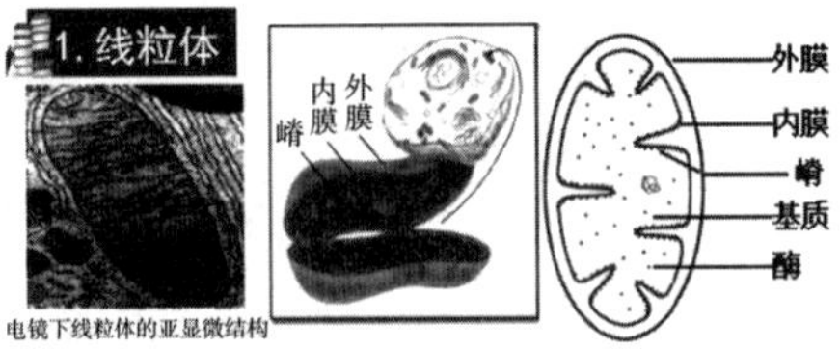

电镜下线粒体的亚显微结构

1. 分布：动、植物
2. 形态：短棒状、圆球状、线形、哑铃形等
3. 结构：外膜、内膜、嵴、基质（含少量DNA、RNA和有关酶）
4. 功能：线粒体是细胞进行有氧呼吸的主要场所，是细胞的“动力车间”。细胞生命活动所需的能量，大约95%来自线粒体

2. 叶绿体

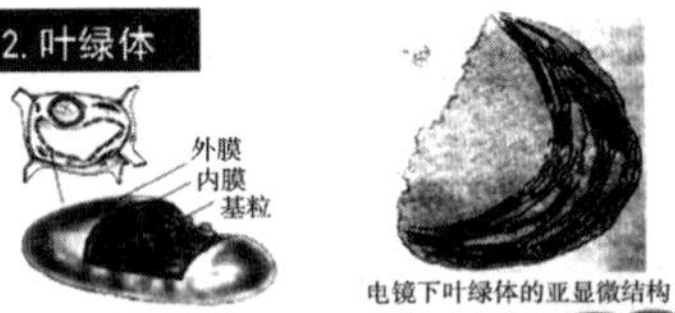

电镜下叶绿体的亚显微结构

根细胞中无叶绿体

1. 分布：植物的叶和幼嫩的茎
2. 形态：球形、椭球形
3. 结构：由外膜、内膜、基粒、基质（少量的DNA、RNA、有关酶）构成
4. 功能：是绿色植物能进行光合作用的细胞含有的细胞器是植物细胞的“养料制造车间”和“能量转换站”

3. 内质网

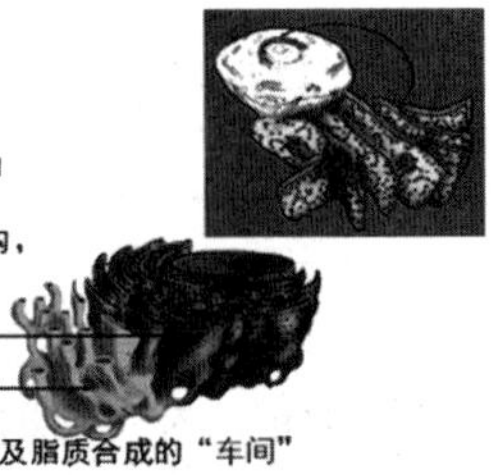

1. 分布：绝大多数动、植物
2. 结构：单层膜的网状结构，增加膜面积
3. 类型：粗面内质网　光面内质网
4. 功能：蛋白质合成加工及脂质合成的“车间”

粗面内质网：加工、合成与运输蛋白质；
滑面内质网：合成脂质

4. 高尔基体

1. 分布：动、植物
2. 形态：由扁平囊和其产生的小泡组成
3. 结构：单层膜
4. 功能：
①在动物细胞中与分泌物的形成有关
②在植物细胞中与细胞壁的形成有关
③对来自内质网的蛋白质进行加工、分类和包装的“车间”及“发送站”

5. 溶酶体

1.分布：普遍存在于真核细胞中

2.形态结构：单层膜包被的小泡，内含有多种水解酶

3.功能：消化细胞从外界吞入的颗粒和细胞自身产生的残渣，被称为“消化车间”“酶仓库”

6. 液泡

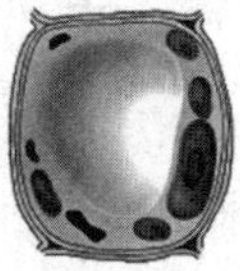

1. 存在：　植物细胞（成熟的植物细胞具中央大液泡）

2. 形态结构：泡状结构；表面有单层膜，内有细胞液（含糖类、无机盐、色素和蛋白质等）

3. 功能：
①调节细胞内环境，维持细胞形态
②与渗透吸水有关，与代谢产物贮存有关，与花、果等颜色有关

7. 核糖体

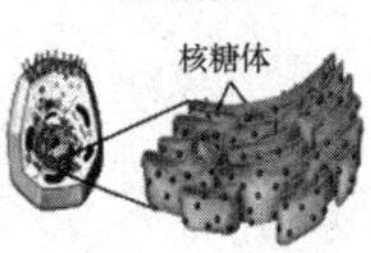

1. 分布：　原核生物和真核生物（游离核糖体，附着核糖体）

2. 形态：　椭球形的粒状小体

3. 结构：　无膜结构（成分：蛋白质和RNA）

4. 主要功能：　细胞内合成蛋白质的场所，是“生产蛋白质的机器”

8. 中心体

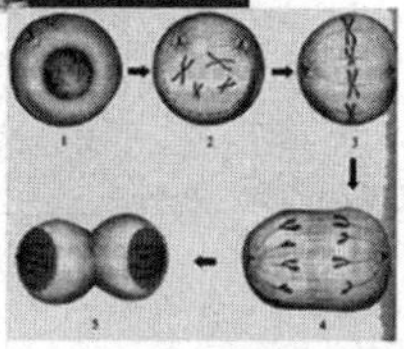

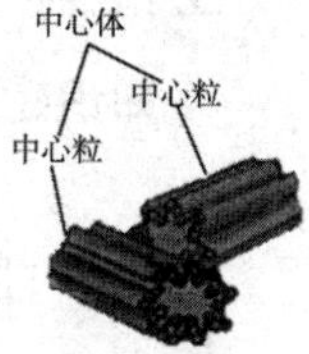

中心体模式图

1.分布：动物细胞内和低等的植物细胞中

2.组成：由两个垂直排列的中心粒组成

3.结构：无膜

4.功能：与细胞有丝分裂有关

“评”：观察教材P48~49的细胞结构图，自主完成细胞器的分布、成分和功能列表汇总（表略）。

“教”：这么多的细胞器如何在细胞中分布？相互怎样联系？

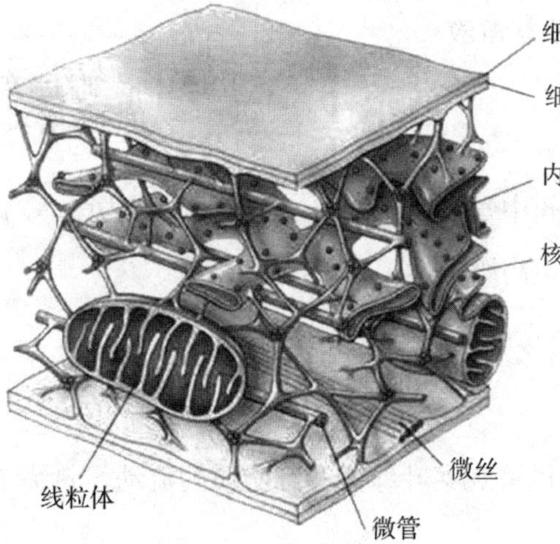

“学”：自主阅读教材P50的内容，梳理细胞骨架成分与功能。

细胞骨架：（1）结构：由蛋白质纤维组成的网状结构；（2）功能：维持细胞形态，保持细胞内部形态与结构稳定。支撑细胞器，与细胞运动、分裂、分化、运输、能量转化、信息传递等密切相关。

“自我评价”：

1. 与叶肉细胞相比，人体肝脏细胞特有的细胞器有哪些？

2. 高等植物叶肉细胞中含有核酸的细胞器有哪些？

3. 植物根尖分生区细胞中没有膜的细胞器有哪些？

【知识建构】

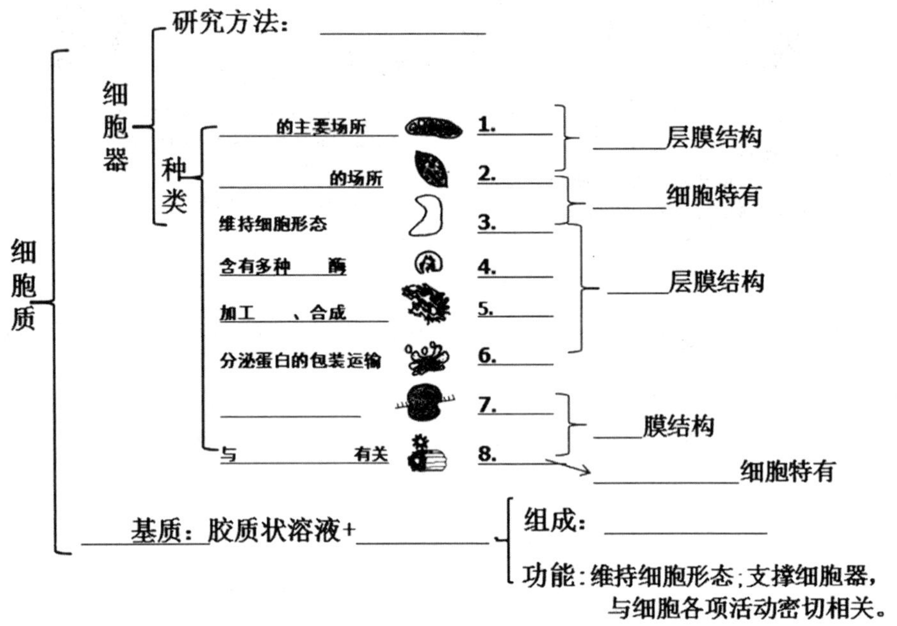

编写：江苏省扬州中学　胡有红　　江苏省邗江中学　冯贵秋

修订：江苏省前黄高级中学　王美娟

课题3　细胞器之间的分工合作（第2课时）

【学习目标】

1. 通过用高倍显微镜观察叶绿体和细胞质的流动，熟练掌握临时装片的

一般过程，并能探究分析不同光照情况下细胞质流动和叶绿体分布的变化原因（侧重科学探究）

2. 通过观察分析科学实验史资料，提高分析、归纳总结能力，理解并应用同位素标记法的原理，能自主介绍分泌蛋白形成过程（侧重科学思维）

3. 通过观察图解及多媒体动画，讨论并分析生物膜系统结构与功能的差别，明确结构与功能相适应，局部与整体相统一的生物学观点（侧重生命观念）

【评价任务】

1. 制作并观察叶肉细胞的临时装片，能绘制简图（指向学习目标1）

2. 能解说消化酶等分泌蛋白的形成过程（指向学习目标2）

3. 不同生物膜系统结构与功能的异同点（指向学习目标3）

【教学经历】

学习内容1 观察叶绿体及细胞质的流动

“教”：

1. 叶绿体存在哪些细胞中？该实验可以选择哪些材料观察？

2. 制作黑藻的小叶的临时装片，并在高倍镜下观察叶绿体和细胞质流动。该实验的一般操作过程是什么？还有哪些材料也可以观察到叶绿体？

“学”：

1. 叶绿体分布在植物叶肉细胞或幼茎表皮细胞中，可以选择黑藻、菠菜叶带有叶肉细胞的下表皮等。

2. 实验的一般操作过程

（1）制作临时装片：在载玻片上滴一滴清水，取一片黑藻幼嫩的小叶，放入载玻片的清水中，盖上盖玻片，注意尽量不要产生气泡；

（2）低倍镜观察：移动装片找到叶片细胞；

（3）高倍镜观察：转动转换器，使高倍物镜对准通光孔；调节光圈和光源使视野明亮；调节细准焦螺旋至看清细胞；

（4）观察叶绿体的流动及流动方向。

该实验还可以选择藓类的小叶或者菠菜叶带有叶肉的下表皮。

“评”：高等植物叶肉细胞等真核细胞在光学显微镜下能看到的细胞结构有哪些？

其中在光学显微镜下观察到的细胞器有哪些？

自习教材 P48，还有哪些细胞器在光学显微镜下无法观察？

“自我评价”：

1. 绘图（画出黑藻细胞的叶绿体的形态和分布情况，标注细胞质流动方向）

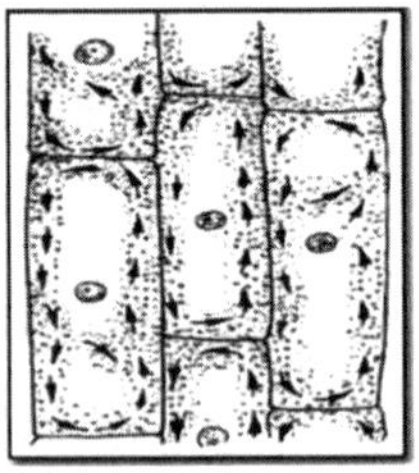

S

2. 右图为黑藻的细胞质环流示意图，视野中的叶绿体位于液泡的右方，细胞质环流的方向为逆时针。那么实际上，黑藻细胞中叶绿体的位置和细胞环流的方向分别为（B）

A．叶绿体位于液泡的右方，细胞质环流的方向为顺时针

B．叶绿体位于液泡的左方，细胞质环流的方向为逆时针

C．叶绿体位于液泡的右方，细胞质环流的方向为逆时针

D．叶绿体位于液泡的左方，细胞质环流的方向为顺时针

学习内容 2　学会从不同角度归纳 8 种细胞器

“教”：除了叶绿体还有哪些细胞器，有怎样的结构功能？尝试下列的图示连线。

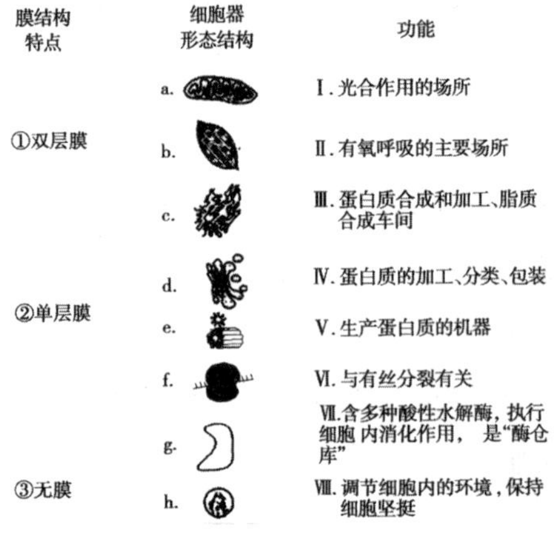

膜结构特点
细胞器形态结构
功能
①双层膜
②单层膜
③无膜
a.
b.
c.
d.
e.
f.
g.
h.
Ⅰ.光合作用的场所
Ⅱ.有氧呼吸的主要场所
Ⅲ.蛋白质合成和加工、脂质合成车间
Ⅳ.蛋白质的加工、分类、包装
Ⅴ.生产蛋白质的机器
Ⅵ.与有丝分裂有关
Ⅶ.含多种酸性水解酶，执行细胞内消化作用，是“酶仓库”
Ⅷ.调节细胞内的环境，保持细胞坚挺

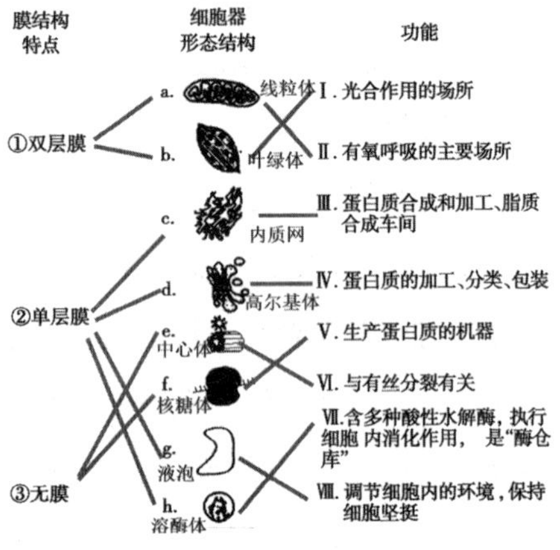

“学”：自主独立完成上述连线。

“评”：回顾所有细胞器的结构、功能与分布，尝试将它们进行分类归纳。

1．单层膜结构的细胞器：液泡、内质网、高尔基体、溶酶体

2．双层膜结构的细胞器：叶绿体、线粒体

3．不具膜结构的细胞器：中心体、核糖体

4．植物细胞所特有的细胞器：叶绿体、液泡

5．动物和低等植物细胞特有的细胞器：中心体

6．含有色素的细胞器：液泡、叶绿体

7．光学显微镜下可见的细胞器：液泡、叶绿体、线粒体（需染色）

8．能生成水的细胞器：线粒体、叶绿体、核糖体、高尔基体

9．与能量转换有关的细胞器：叶绿体、线粒体

10．动植物细胞都有，但功能不同的细胞器：高尔基体

11．根尖分生区没有的细胞器：叶绿体、大液泡

12．原核细胞中具有的细胞器：核糖体

13．含有 DNA 的细胞器：叶绿体、线粒体

14．含有 RNA 的细胞器：叶绿体、线粒体、核糖体

“自我评价”：思考辨析。

（1）大肠杆菌的细胞内有核糖体 （ ）

（2）发生质壁分离的叶表皮细胞是具有液泡的活细胞 （ ）

（3）叶绿体、线粒体和核糖体都含有 DNA （ ）

（4）线粒体中的 DNA 能控制某些蛋白质的合成 （ ）

（5）线粒体基质和叶绿体基质所含酶的种类相同 （ ）

学习内容 3 细胞器之间的协调配合

“教”：仔细阅读科学家探究“豚鼠胰脏腺泡细胞分泌物形成”的文字和观察图片资料，思考下列问题。

1．该实验中科学怎样将物质变得可观测，采用什么方法？

2．分泌蛋白的合成依次经过哪些细胞器？

该过程还需要哪些细胞器的协助？

“学”：1. 该实验中科学家采用了同位素标记法。

2. 分泌蛋白合成依次经过了核糖体→内质网→高尔基体，最终分泌到细胞膜外，还需要线粒体提供能量。

“评”：尝试采用流程图的形式将蛋白质的形成流程与参与的细胞结构表示出来。

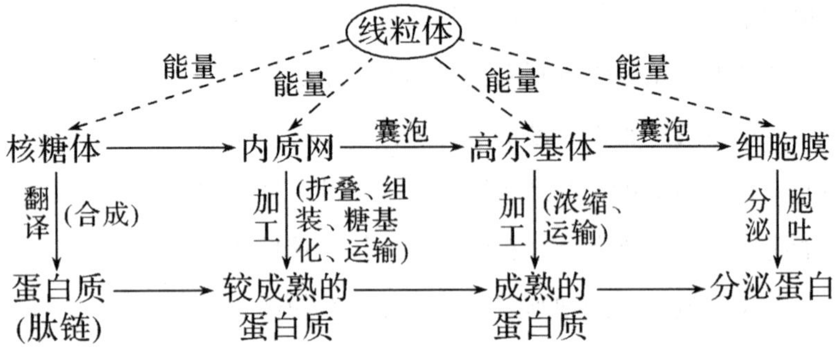

“自我评价”：下图为某动物细胞内部分蛋白质合成、加工及转运的示意图，下列相关叙述错误的是（C）

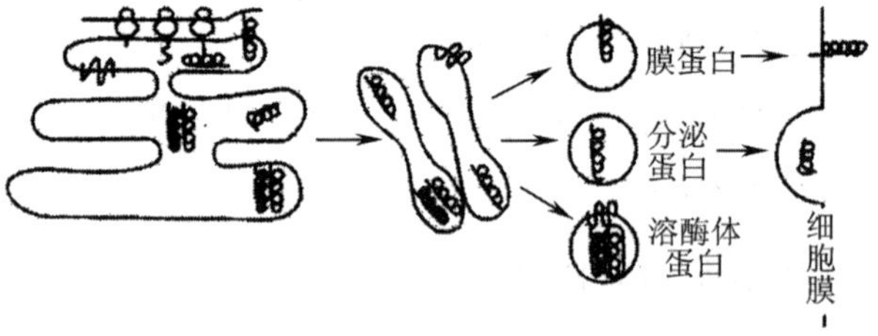

A．高尔基体对其加工的蛋白质先进行分类再转运至细胞的不同部位

B．内质网上核糖体合成的多肽通过囊泡运输到内质网腔内加工

C．分泌蛋白经细胞膜分泌到细胞外体现了细胞膜的功能特性

D．细胞膜上糖蛋白的形成需经内质网和高尔基体的加工

学习内容 4　细胞的生物膜系统

教：仔细观察在分泌蛋白形成过程中，物质是怎样在各细胞器直接传递的？

2. 观察下图，你还发现什么？所有的细胞内的膜统称为什么？

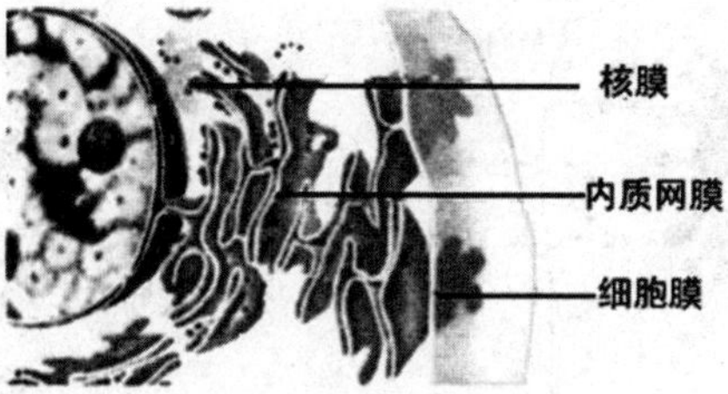

3．结合实例，并分析归纳生物膜具有哪些功能?

“学”：核糖体直接附着在内质网上，将合成的多肽直接输入内质网腔内，内质网、高尔基体、细胞膜之间通过囊泡转运物质。

2. 各种细胞器的膜可以相互转化，说明其有共同的特性，各种细胞器膜和细胞膜、核膜等结构，共同构成细胞的生物膜系统。

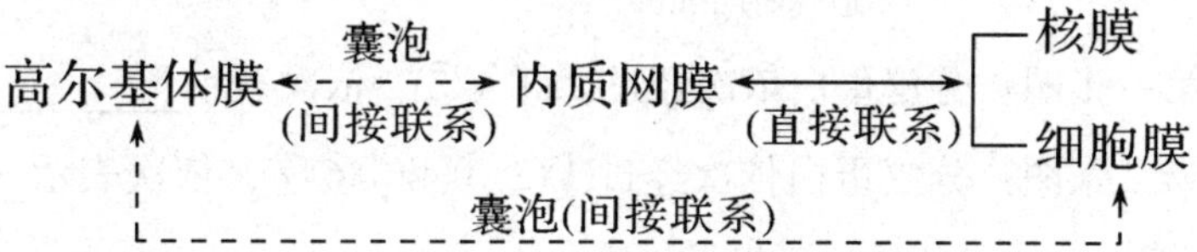

3. ①细胞膜不仅使细胞具有一个相对稳定的内环境，同时在细胞与外部环境之间进行物质运输、能量交换和信息传递的过程中起着决定性的作用。

②许多重要化学反应都在生物膜上进行，这些化学反应需要酶的参与，广阔的膜面积为酶提供了大量的附着位点。如内质网、线粒体内膜、叶绿体类囊体薄膜等。

③细胞内的生物膜把各种细胞器分隔开，如同一个个小的区室，这样就使细胞内能够同时进行多种化学反应，而不会相互干扰，保证了细胞的生命活动高效、有序地进行。如液泡膜、溶酶体膜。

“评”：根据细胞膜的物质组成和结构，以及其他生物膜的功能推测下，其他生物膜具有什么相同成分，又有哪些区别?

“自我评价”：

下列3张图均是分泌蛋白的加工与运输图解，请据图回答问题。

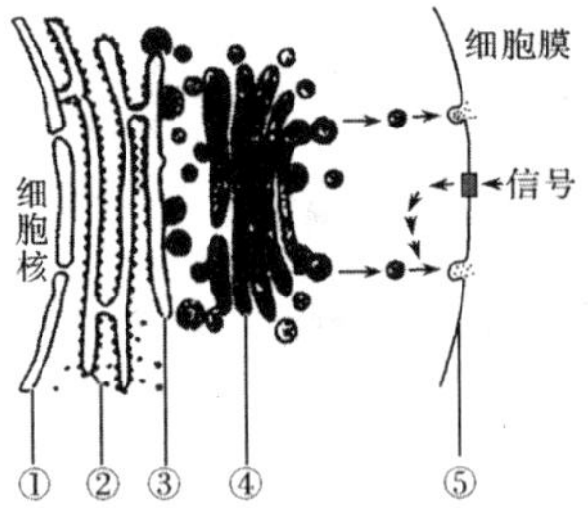

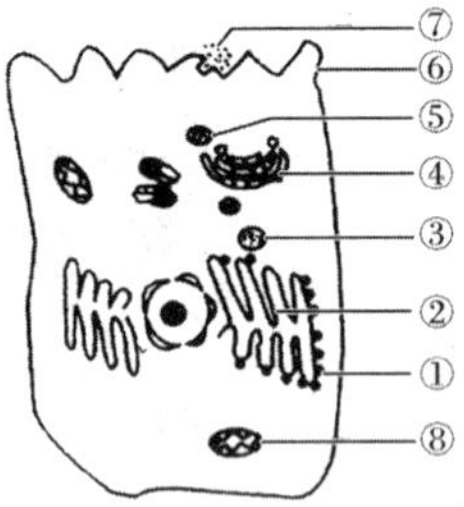

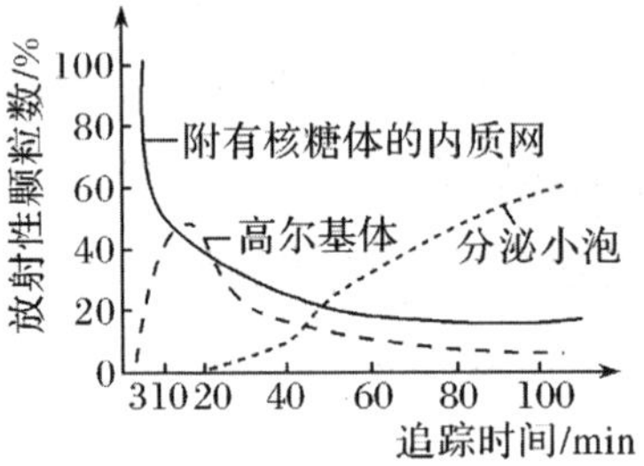

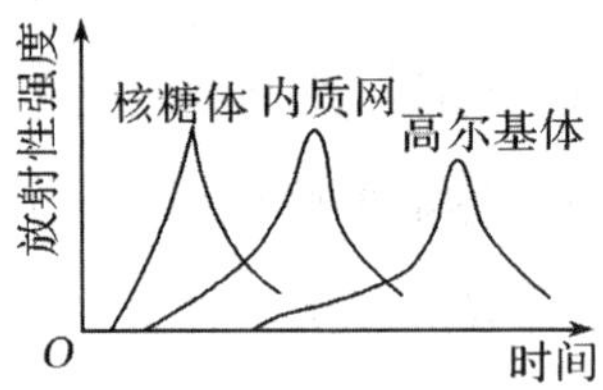

（1）第一张图：分泌蛋白依次经过②③④⑤，依次表示________。

（2）第二张图：分泌蛋白依次经过①②③④⑤⑥⑦，依次表示________、细胞外，⑧是______，为该过程提供能量。

（3）第三张图：放射性最先出现在附着在内质网上的______中，然后依次出现在______、______和细胞膜等结构上。

【知识建构】

细胞器之间的分工合作

- **1.观察叶绿体及细胞质的流动**
  - 选材：黑藻或藓类小叶、菠菜叶的________
  - 制作黑藻的小叶的临时装片
  - 在高倍镜下观察叶绿体和细胞质流动
- **2.细胞器的分类归纳**
  - 1．单层膜结构的细胞器：________
  - 2．双层膜结构的细胞器：________
  - 3．不具膜结构的细胞器：________
  - 4．植物细胞所特有的细胞器：________
  - 5．动物和低等植物细胞特有的细胞器：________
  - 6．含有色素的细胞器：________
  - 7．光学显微镜下可见的细胞器：________
  - 8．能生成水的细胞器：________
  - 9．与能量转换有关的细胞器：________
  - 10．动植物细胞都有，但功能不同的细胞器：________
  - 11．根尖分生区没有的细胞器：________
  - 12．原核细胞中具有的细胞器：________
  - 13．含有DNA的细胞器：________
  - 14．含有RNA的细胞器：________
  - 细胞器膜 + ______膜 + ______膜 → **4.生物膜系统**（结构、功能）
- **3.细胞器之间的协调配合：分泌蛋白的形成**
  - 研究方法：________
  - 过程：
    - 分泌蛋白的合成：________
    - 分泌蛋白的加工：________
    - 分泌蛋白的包装：________
    - 分泌蛋白的分泌：________
    - 供应能量：________

编写：江苏省扬州中学 胡有红 江苏省邗江中学 冯贵秋
修订：江苏省前黄高级中学 王美娟

课题4 细胞核的结构和功能

【学习目标】

1. 通过对克隆羊“多莉”的了解，关注生物技术研究进展及在实践中的应用，能阐述自己的观点，遵循正确的伦理道德（侧重社会责任）

2. 通过对“细胞核有什么功能”资料的思考和讨论，探索细胞核与生物性状、细胞分裂分化、细胞代谢、应激性及细胞的形态和结构的关系，厘清资料中所呈现的实验结果与细胞核功能的关系，培养合作探究以及基于事实与证据，归纳概括生命活动的规律，进而形成概念的能力（侧重科学思维）

3. 通过观察和绘制细胞核的结构示意图，能概述细胞核的结构；通过资料分析、模型建构，结合对细胞整体结构与功能的认识，阐述细胞核为什么能控制细胞的代谢和遗传，认同细胞核是系统的控制中心（侧重生命观念）

4. 通过构建并使用细胞模型，阐明细胞各部分通过分工与合成，形成相互协调的有机整体，实现细胞水平的各项生命活动，认同细胞既是生物体结构的基本单位，也是生物体代谢和遗传的基本单位（侧重科学思维）

【评价任务】

1. 分析资料，认识细胞核的重要性；结合视频，能对生物学的社会热点进行理性判断（指向学习目标1）

2. 结合资料，小组合作，分析归纳总结出细胞核的功能（指向学习目标2）

3. 观察细胞核的结构，能说出各部分的结构名称并理解其功能（指向学习目标3）

4. 从生命的物质观、结构与功能观、生命的系统观等方面分析，认同细胞核是遗传信息库，是细胞代谢和遗传的控制中心（指向学习目标3）

5. 结合图像模型，认同细胞既是生物体结构的基本单位，也是生物体代谢和遗传的基本单位（指向学习目标4）

6. 小组分工合作，尝试制作真核细胞的三维结构模型，并交流成果（指向学习目标 4 ）

【教学经历】

学习内容 1　细胞核的功能

教学经历 1

“教”：细胞核一直是科学家研究的焦点，早期的克隆就与细胞核有着密切的关系。教师引导学生分析克隆的技术，分析细胞核可能具备的功能。

“学”：学生在教师的引领下，分析资料，归纳克隆技术与细胞核的关系。

资料：从母牛乙的体细胞中取出细胞核，注入母牛甲去核的卵细胞中，移植后的细胞分裂形成早期胚胎，将胚胎移植入母牛丙的子宫内。出生的小牛几乎与母牛乙的性状一模一样，称之为“克隆牛”。

讨论：克隆牛的性状与母牛乙的几乎是一模一样，这说明了什么？

问题情境：播放克隆羊——“多莉”的相关视频。

问题1：使用光学显微镜观察细胞，最容易观察到的一个结构是什么呢？

问题2：每个细胞都有一个细胞核，是不是所有真核细胞都有一个细胞核呢？

问题3：结合克隆牛的实例，你认为生物体性状的遗传与细胞核有什么关系？克隆牛所有细胞的细胞核，是否都来源于母牛乙体细胞的细胞核？

问题4：克隆技术成熟了吗？能不能用这个方法来克隆人呢？

“评”：学生通过资料的分析和问题串的解决，明确了细胞核的可能的功能及不同细胞中细胞核数量的差异。

“自我评价”：如果从母牛甲的体细胞中取出细胞核，注入母牛乙去核的卵细胞中，按照上述方法最终克隆出来的牛的性状主要与<u>　母牛甲　</u>的相同。

大多数真核细胞只有一个细胞核，但是高等植物成熟的<u>　筛管　</u>细胞和哺乳动物成熟的<u>　红　</u>细胞没有细胞核；人骨骼肌细胞含有<u>　多　</u>个细胞核。

教学经历 2

“教”：克隆羊、克隆牛的例子让我们看到了细胞核的重要性，那细胞核究竟有什么功能呢？教师引导学生进行一系列的材料分析，归纳得出细胞核的功能。在这个分析讨论的过程中，教师要强化实验结果与结论之间的逻辑关系，培养学生基于事实归纳概括形成概念的能力，发展学生的科学思维。

“学”：分析总结细胞核的功能。学生阅读教材P54~55，分四个小组，每个小组研读1份资料。

资料1：科学家用黑白两种美西螈（一种两栖动物）做实验，将黑色美西螈胚胎细胞的细胞核取出来，移植到白色美西螈的去核卵细胞中。移植后发育长大的美西螈，全部都是黑色的。

问题1：美西螈的皮肤颜色与表皮细胞内黑色素的合成有什么关系？这一合成过程是由细胞核还是细胞质控制的？

资料2：科学家用头发将蝾螈的受精卵横缢为有核和无核的两半，中间只有很少的细胞质相连。结果，有核的一半能分裂，无核的一半则停止分裂。当有核的一半分裂到16~32个细胞时，如果将一个细胞核挤到无核的一半，这一半也会开始分裂。最后两半都能发育成正常的胚胎，只是原来无核的一半发育得慢一些。

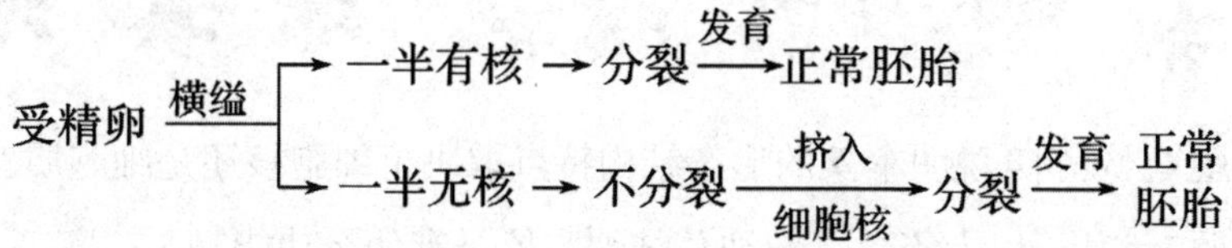

问题2：从资料2可以看出细胞核与细胞的分裂、分化有什么关系？该实验是如何设置对照的？

资料3：科学家做过这样的实验。将变形虫切成两半，一半有核，一半无核。无核的一半虽然能消化已经吞噬的食物，但不能摄取食物，对外界刺激不再发生反应；电镜下可以观察到退化的高尔基体、内质网等。有核的一半情况则大不相同，照样摄食，对刺激仍有反应；失去的伸缩泡可以再生，还能生长和分裂。如果用显微钩针将有核的一半的细胞核钩出，这一半的行为就会像上述无核的一半一样。如果及时植入另一个同种变形虫的细胞核，各种生命活动又会恢复。

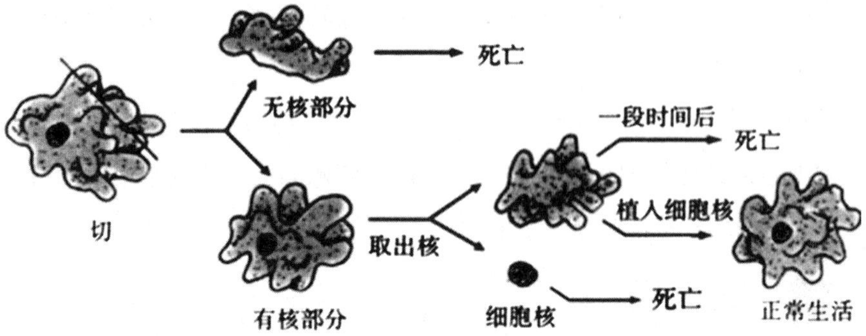

问题3：分析资料3你可以得出什么结论？

资料4：伞藻是一种单细胞生物，由“帽”、柄和假根三部分构成，细胞核在基部。科学家用伞形帽和菊花形帽两种伞藻做嫁接和核移植实验，如下图所示。

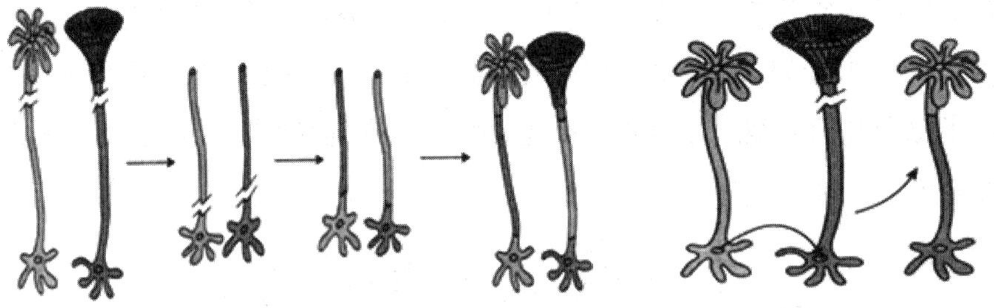

问题4：资料4说明伞藻的形态结构特点取决于细胞核还是细胞质？

问题5：基于以上资料，归纳总结细胞核具有什么功能？

“评”：学生通过资料的分析，领悟细胞核在控制生物体的肤色，细胞的分裂、分化等方面的作用，多方面资料的综合分析得出细胞核的功能。

“自我评价”：思考辨析。

（1）美西螈所有细胞取出来的细胞核都可以做核移植实验（ × ）

（2）蝾螈受精卵横缢实验得到的两个胚胎发育程度相同 （ × ）

（3）取出细胞核后的变形虫一段时间后会死亡 （ √ ）

（4）伞藻嫁接实验说明长出来的伞“帽”形状取决于伞柄（ × ）

（5）将一黑色公绵羊的体细胞核移入一白色母绵羊去除细胞核的卵细胞中，再将此细胞植入一黑色母绵羊的子宫内发育，生出的小绵羊即是“克隆绵羊”。那么此“克隆绵羊”为（ D ）

A．白色母绵羊 B．黑色母绵羊 C．白色公绵羊 D．黑色公绵羊

（6）伞藻结构可分为“帽”“柄”和“足”3部分。科学家用地中海伞藻和细圆齿伞藻做嫁接实验，结果如下图所示。该实验能够得出的结论是（ C ）

A．细胞核和细胞质在结构上没有联系

B．伞帽形态结构的建成取决于细胞质

C．伞帽形态结构的建成与“足”有关

D．该实验中缺少对照，不能得出结论

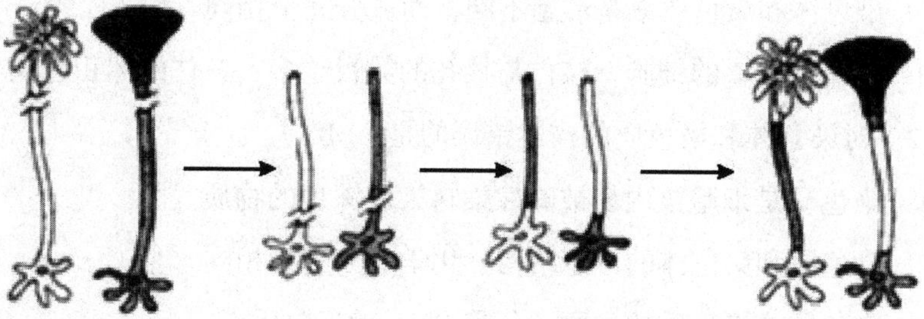

学习内容2 细胞核的结构

教学经历3

“教”：有人把细胞核比喻为细胞的“大脑”、细胞的“控制中心”。根据结构与功能相适应的观点，细胞核有如此重要的功能，那么它必然有独特的结构。细胞核为什么能成为细胞的“控制中心”呢？教师引导学生们分析细胞核各部分的结构，明确各结构的功能。

“学”：学生尝试自己画出细胞核的切面结构示意图，注明各部分的名称，并说出它们的功能。

问题1：细胞核的最外层是什么结构？几层？有什么功能？

问题2：观察图片，细胞核内最明显的结构是什么？功能是什么？

问题3：认真阅读P56的内容，思考核膜以内、核仁以外染色较深的结构

是什么？主要成分是什么？

问题4：观察图片，核膜上有什么结构？功能是什么？

问题5：请观察P112~114关于动植物细胞分裂的两幅图，思考染色质和染色体的关系。

“评”：学生通过绘图，阅读及一系列问题的思考，从理论的角度明白细胞核的染色质（体）中的DNA上储存着遗传信息，建立结构与功能相适应的观点。

“自我评价”：

（1）下列关于细胞核的叙述，正确的是（ C ）

A．核膜上的核孔可以让蛋白质和DNA自由进出

B．核仁是与核糖体的形成有关的细胞器

C．染色体和染色质只是形态不同，而成分完全相同

D．代谢越旺盛的细胞，核仁与核孔的数目越多，核仁的体积越大

（2）对染色体和染色质的描述错误的是（ B ）

A．染色质是细胞核内易被碱性染料染成深色的物质

B．染色质和染色体的形态结构、化学成分完全相同

C．染色体或染色质的主要成分是DNA和蛋白质

D．染色体或染色质存在于真核细胞的细胞核中

教学经历4

“教”：综合我们从细胞核的结构中学到的信息，细胞核为什么能控制细胞的代谢和遗传？教师引导学生从生命的物质观、结构与功能观、生命的系统观分析。

“学”：学生从生命的物质观、结构与功能观、生命的系统观分析细胞核能控制细胞的代谢和遗传的原因，并对细胞核的功能进一步进行概括。

问题1：细胞核为什么能控制细胞的代谢和遗传？

（1）细胞核中有染色质（染色体），染色质中含有DNA，DNA上储存着遗传信息，所以细胞核是遗传信息的储存中心。

（2）染色质与染色体是同一物质在细胞分裂不同时期的两种不同存

在 状态，染色质的细丝状有利于遗传信息的复制与表达，染色体状态的结构有利于细胞在分裂过程中的 运动 ，从而确保能将遗传信息均等地分配到子细胞中去。

（3）细胞是一个系统，细胞核是系统的一部分，核膜将遗传信息与系统的其他环境分开，从而使遗传信息功能的执行有相对独立的稳定环境，但细胞核功能的执行离不开细胞质， 核膜、核孔 的存在为物质、能量及信息的交流提供了通道，从而确保了细胞核既相对独立，又与细胞的其他结构密切关联。

问题2：对细胞核功能较为全面的阐述应该是什么？

问题3：同一生物体内所有细胞的“蓝图”都是一样的吗？如果是一样的，为什么体内细胞的形态、结构和功能如此多样？

“评”：学生全面理解细胞核功能，并对细胞核的功能进行全面的概括，建构生命的物质观、结构与功能观、生命的系统观等的生命观念。

“自我评价”：思考辨析。

（1）细胞内的DNA都存在于细胞核内，所以细胞核是遗传信息库 （×）

（2）细胞核是细胞代谢的控制中心，也是细胞代谢的中心 （×）

学习内容3 细胞的完整性

教学经历5

“教”：细胞核的功能是由细胞核的结构决定的，但细胞必须保持结构的完整性，细胞的各项生命活动才能正常进行。教师指导学生分析资料，进行主要语句的填写，感悟保持细胞结构的完整性是细胞完成各项生命活动的前提的内涵。

“学”：学生看教材，分析资料，填写相关的内容，构建结构决定功能以及系统观的生命观念。

资料：哺乳动物成熟的红细胞没有细胞核，平均寿命大约120天；成熟的精子几乎没有细胞质，寿命也很短。

1. 细胞作为基本的 生命系统 ，其结构复杂而精巧；各组分之间 分工合作 成为一个统一的整体，使生命活动能够在变化的环境中 自我调控、高度

有序 地进行。

2. 细胞既是 生物体结构 的基本单位，也是生物体 遗传和代谢 的基本单位。

3. 细胞完成各项生命活动的前提是：保持细胞结构的完整性。

“评”：学生理解了细胞必须保持完整性的原因，可以进行具体的评价。

“自我评价”：以动物的受精卵为实验材料进行以下实验，有关分析正确的是（ D ）

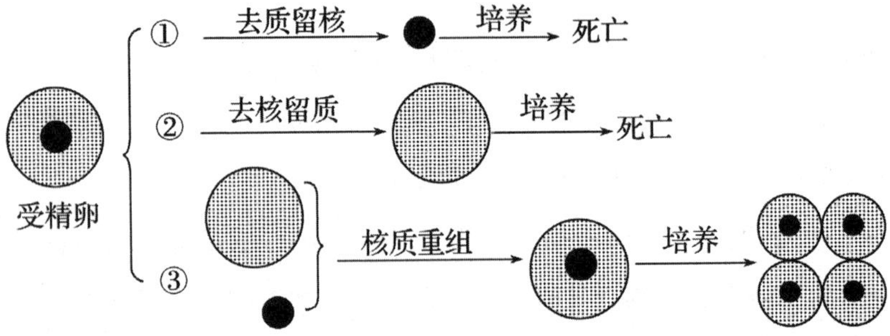

A. 实验①和实验③说明了细胞核对维持细胞正常生命活动的重要性

B. 实验②和实验③说明了细胞质对维持细胞正常生命活动的重要性

C. 该实验可以证明细胞核的功能

D. 该实验结果可以说明细胞只有保持结构完整性才能正常进行各项生命活动

教学经历 6

“教”：本教学经历可以放在课后进行，课堂上进行展示评价。

“学”：学生课后尝试构建真核细胞的三维结构模型，课堂上进行小组内及小组间的自评或互评。

1. 细胞结构分析：细胞壁、细胞膜、细胞质（细胞质基质、细胞器）、细胞核等的性质、体积、数量及分布。

2. 模型准备：分配任务，结合自身兴趣，准备好橡皮泥、纸板、废旧物品、常见的生活用品等材料。

3. 建构模型：先框架后细节、先简后繁、先大后小、由表及里，按照各个元素制作的先后次序进行制作。小组成员分工合作、团结互助，共同完成模型的构建。

4. 模型检验与完善：各小组先自我检验和评价，再进行小组间的互相检查和评价，最后进行老师的检验和评价，找出模型的不足，进行修正和完善。

5. 模型运用：通过模型构建，将对细胞结构的感性认识和理性认识结合起来，理解真核结构的结构与功能，建立相应的知识框架。

“评”：学生通过构建真核细胞的三维结构模型，深度理解细胞核及其他细胞结构的相关性。通过表现性评价的方式进行作品的测评，更能让学生发现自己对知识理解的精准性。

【知识建构】填图，归纳细胞核的结构和功能

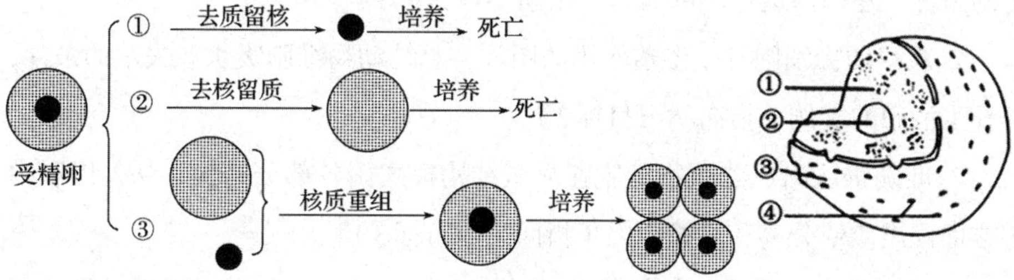

编写：射阳县高级中学　陈昌俊
修订：徐州市铜山中学　杜艳丽

专题4　细胞的物质输入和输出

课题1　被动运输

【学习目标】

1. 通过参与实验“渗透作用的装置”模拟膜的透性，分析渗透作用发生条件，总结渗透作用的原理，培养归纳总结的科学思维

2. 通过观察哺乳动物的红细胞发生渗透作用的图片，总结动物细胞吸水

和失水的条件

3. 通过进行植物细胞吸水和失水方面的实验设计，阐明质壁分离与复原的原理，培养科学探究的素养

4. 通过水分进出细胞方式的探索学习，初步建构被动运输的概念，能比较自由扩散和协助扩散的异同点，养成归纳与概括、比较与推理等科学思维方法

5. 通过对被动运输的具体实例的讨论，分析细胞膜的成分、结构与物质运输功能之间的关系，尝试运用物质跨膜运输的知识解决有关实际问题

【评价任务】

1. 参与实验，对比分析五组渗透装置的实验现象，归纳总结渗透作用发生的条件，建构渗透作用的概念（指向学习目标1）

2. 观察动物细胞发生渗透作用的图片，总结动物细胞吸水和失水的条件，解释生活中的实例（指向学习目标2）

3. 准确辨认出成熟植物细胞亚显微结构模式图各部分结构，从外因和内因方面说出质壁分离和复原原因（指向学习目标3）

4. 观察自由扩散和协助扩散的图片，归纳总结自由扩散和协助扩散，载体蛋白和通道蛋白的异同点，构建被动运输的概念图（指向学习目标4）

5. 观察盐碱地的图片，分析盐碱地不利于植物生长的原因（指向学习目标5）

【教学经历】

学习内容 1　渗透作用发生的条件和原理

教学经历 1

“教”：请同学们对比分析五组渗透装置（图略），归纳总结渗透作用发生的条件，建构渗透作用的概念。

教师组织实验，指导学生分组进行实验，在表格中记录实验现象。

“学”：学生进行实验、讨论分析，归纳总结渗透作用发生的条件。

归纳总结：渗透作用发生的条件是：<u>具有半透膜</u>和<u>半透膜两侧的溶液具有浓度差</u>。

阅读教材 P62 "问题探讨"，观看视频，结合探究实验装置思考、讨论完成下列问题。

1. 漏斗管内的液面为什么会升高？

2. 漏斗内的液面不再上升时，半透膜两侧的水分子还在运动吗？

构建概念：水分子（或其他溶剂分子）透过半透膜的扩散叫渗透作用。

在发生渗透作用的过程中，水分子移动的总方向是：低浓度 ⟶ 高浓度（填溶液浓度高低），也即从水分子多向水分子少（填水分子的多少）移动。

"评"：学生参与科学实验，进行比较分析，归纳得出渗透作用的两个基本条件，培养学生归纳总结的科学思维的素养。训练学生的分析推理能力，以及知识的迁移能力。

"自我评价"：

现有 A、B 二种不同浓度（10%、30%）的蔗糖溶液，如何利用渗透装置将它们鉴别出来？请写出你的实验设计思路。

实验设计思路：将 A 蔗糖溶液放入长颈漏斗内，将 B 溶液放入烧杯内，A 溶液的高度与烧杯内的 B 溶液的液面平齐，观察长颈漏斗内液面的高度变化。若液面的高度上升，则 A 溶液为 30% 的蔗糖溶液，B 溶液为 10% 的蔗糖溶液；若液面下降，则 A 溶液为 10% 的蔗糖溶液，B 溶液为 30% 的蔗糖溶液。

学习内容 2　动物细胞吸水和失水的原理

教学经历 2

"教"：教师引领学生思考讨论教材 P63 "思考 · 讨论"，讨论完成下列问题。

"学"：学生讨论相关的问题，与渗透装置进行类比学习。

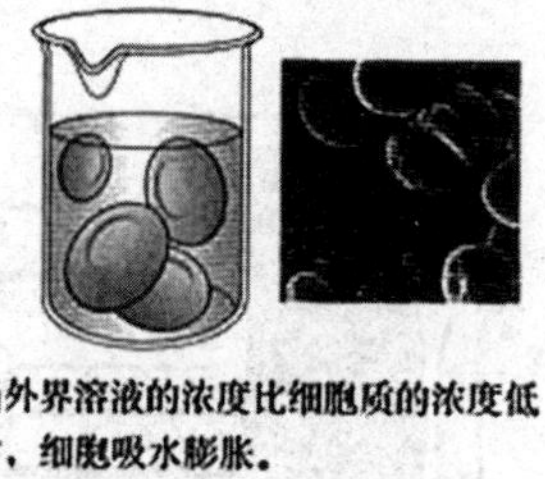

当外界溶液的浓度比细胞质的浓度低时，细胞吸水膨胀。

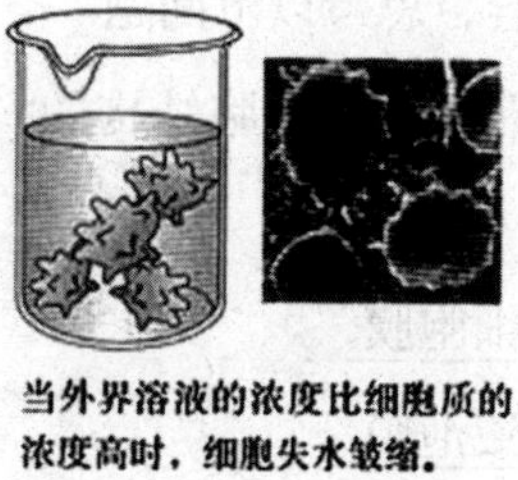

当外界溶液的浓度比细胞质的浓度高时，细胞失水皱缩。

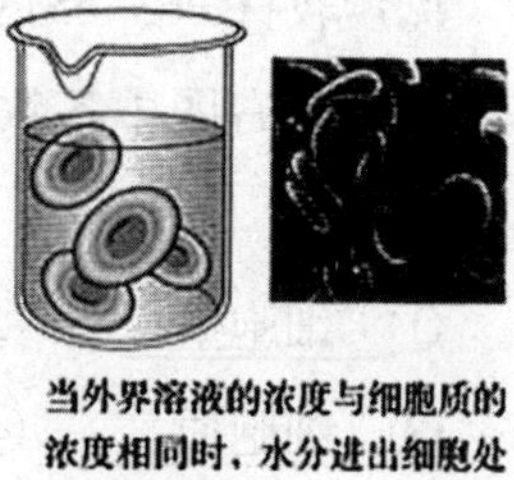

当外界溶液的浓度与细胞质的浓度相同时，水分进出细胞处于动态平衡。

1. 红细胞内的血红蛋白等有机物能够透过细胞膜吗？这些有机物相当于“问题探讨”所示装置中的什么物质？

2. 红细胞的细胞膜是否相当于一层半透膜？

3. 当外界溶液溶质的浓度低时，红细胞一定会由于吸水而涨破吗？

4. 红细胞吸水或失水取决于什么条件？

得出结论：当外界溶液浓度__大于__（填大于或小于）细胞质浓度时，红细胞失水；当外界溶液浓度__小于__（填大于或小于）细胞质浓度时，红细胞吸水。

“评”：学生在学习完渗透吸水的条件后，再进行类比学习动物细胞吸水和失水的条件，可降低学生的学习难度。日常生活中的实例可以帮助学生理解水分子进出动物细胞的原理，学以致用。

“自我评价”：

解释生活中的实例：生理盐水的浓度是多少？医生给别人输液时为什么必须使用生理盐水？

学习内容 3　植物细胞发生渗透作用吸水和失水的原理

教学经历 3

“教”：教师展示成熟植物细胞的结构示意图，结合植物细胞的质壁分离与复原实验，让学生类比学习，建构原生质层相当于一层半透膜，进而归纳总结植物细胞发生渗透作用吸水和失水的原理。

“学”：学生经过分析，初步建构原生质层相当于一层半透膜，通过植物细胞的质壁分离与复原实验的设计和实施，进行验证，建构植物细胞发生渗透作用吸水和失水的概念。

阅读教材 P63~65 的内容，思考以下问题。

1. 写出右图中各数字所指植物细胞结构的名称。

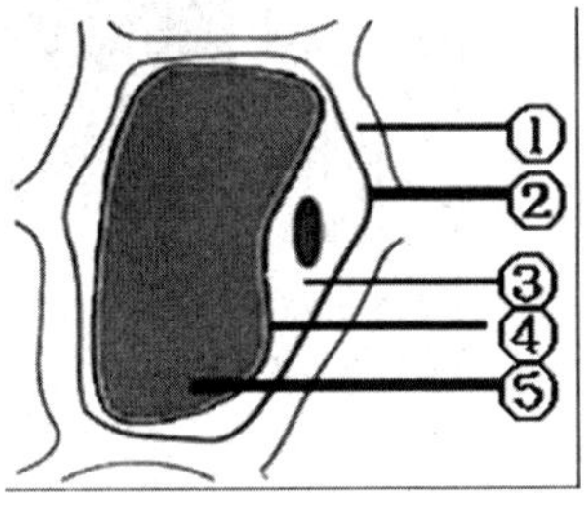

①__细胞壁__　②__细胞膜__

③__细胞质__　④__液泡膜__

⑤__细胞液__

2. 请写出原生层所包含的结构标号：②③④。

3. 植物细胞的细胞壁是全透（填“全透”或是“半透”）性的，它的收缩性比原生层小（填“大或小”）。

4.“探究植物细胞的吸水和失水”的实验设计。

（1）请根据你所提出的问题与假设，选择需要的材料和用具，设计相关的实验操作步骤。

实验材料：紫色洋葱、黑藻、马齿苋等。

实验用具：刀片、镊子、滴管、载玻片、盖玻片、吸水纸、烧杯、显微镜、铁架台、清水、质量浓度为0.3g/mL的蔗糖溶液等。

思考讨论：

①你们小组选取的实验材料是什么？理由是什么？

②几组实验中的自变量是什么？

③这几组实验的先后顺序如何安排？并说明理由。

实验流程：

①选择紫色的洋葱鳞片叶等材料制成临时装片，用显微镜进行观察。

②观察正常状态下的细胞。

③观察洋葱鳞片叶细胞失水时的细胞。

④观察洋葱鳞片叶细胞吸水时的细胞。

提出问题：原生质层相当于一层半透膜吗？

做出假设：原生质层相当于一层半透膜。

设计实验：先观察正常生理状态下的洋葱细胞，再观察失水状态下的细胞，最后观察吸水状态下的细胞。

实施实验：略。

分析结果：略。

（2）请你填写预期实验结果（以洋葱鳞片叶的外表皮为例）。

	液泡大小	液泡的颜色	原生质层与细胞壁的位置关系
蔗糖溶液	变小	变深	原生质层与细胞壁分离
清水	变大	变浅	原生质层与细胞壁紧贴

（3）当细胞液的浓度<u>小于</u>（填大于或小于）外界溶液时，细胞液中的水分就透过<u>原生质层</u>进入外界溶液中，使细胞壁和原生质层都出现一定程度的收缩。由于原生质层比细胞壁的收缩性大，当细胞不断失水时，<u>原生质层</u>就会与<u>细胞壁</u>逐渐分离开来，也就是逐渐发生了<u>质壁分离</u>。当细胞液的浓度<u>大于</u>（填大于或小于）外界溶液时，外界溶液中的水分就透过<u>原生质层</u>进入细胞液中，整个原生质层就会慢慢恢复成原来的状态，使植物细胞逐渐发生<u>质壁分离复原</u>。

（4）你还能提出哪些探究的问题吗？

“评”：通过对生物学事实的观察认识水分进出细胞的过程，并在探究实验过程中发展学生的科学探究能力，认同细胞结构与其功能相适应，为进一步建构被动运输的概念奠定基础。

“自我评价”：

1. 一次施肥过多会导致植物“烧苗”，解释其发生的原因是什么？如何采取措施缓解“烧苗”？

2. 腌制的食品能长时间保存的原因是什么？

3. 下图是处于不同生理状态的同一个洋葱鳞茎的三个洋葱鳞片叶表皮细胞示意图，请据图分析回答下面的问题。

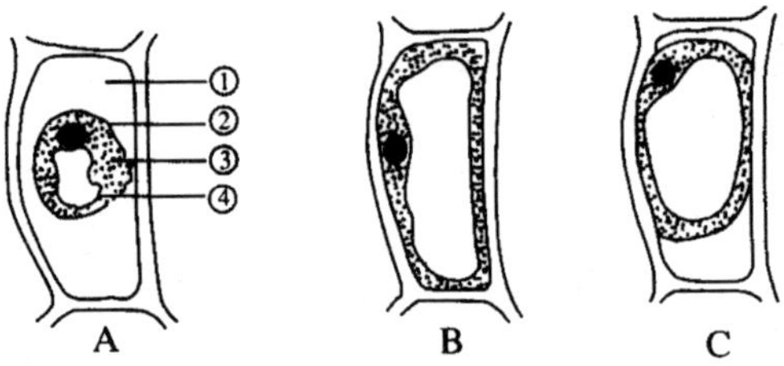

（1）图中A细胞处于<u>　质壁分离　</u>状态，①处充满了<u>　外界溶液　</u>。

（2）图中②、③、④共同组成<u>　原生质层　</u>。

（3）图中细胞液浓度的细胞由高到低依次为<u>　B、C、A　</u>。

（4）如果将C细胞置于清水中，则该细胞最终将处于图中<u>　B　</u>细胞的状态。

学习内容4　被动运输

教学经历4

“教”：请同学们观察自由扩散和协助扩散的图片，归纳总结自由扩散和协助扩散，载体蛋白和通道蛋白的异同点。

“学”：学生在问题串的引领下，初步理解被动运输的相关内容，并从运输方向、是否需要载体、是否耗能等几个指标进行比较归纳，深入理解概念。

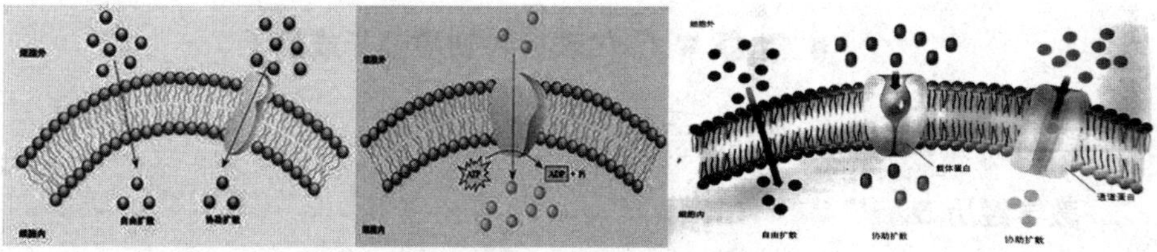

依据图片信息，讨论以下问题。

（1）通常哪些物质进出细胞不需要消耗能量？这类物质在细胞内和细胞外的浓度有什么差异？

（2）除了水分子，还有什么物质也可以通过自由扩散进出细胞？

（3）协助扩散和自由扩散的主要区别是什么？

（4）通过载体蛋白和通道蛋白进入细胞有什么不同？

“评”：学生在观察图片的基础上，通过归纳与概括、比较与推理等科学思维方法建构被动运输的概念，理解自由扩散和协助扩散的异同点，形成对物质跨膜运输方式的基本认识，巩固被动运输的概念。

“自我评价”：

下图为物质出入细胞膜的示意图，据图回答。

（1）A代表<u>蛋白质</u>分子　；B代表<u>　磷脂双分子层　</u>；D代表<u>　多糖　</u>。

（2）动物细胞吸水膨胀时 B 的厚度变小，这说明 B 具有<u>一定的流动性</u>。

（3）在 a~e 五种过程中，代表被动转运的是<u>　b、c、d　</u>。

（4）可能代表氧气转运过程的是 b；葡萄糖从肠腔进入小肠上皮细胞的过程是<u>　a　</u>。

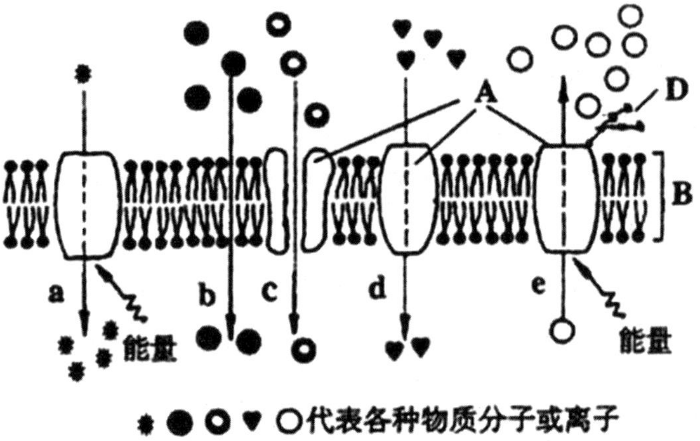

学习内容 5　被动运输的应用

教学经历 5

“教”：教师提供一些图片，让学生分析原因并提出解决的方案，达到社会责任的培养。

“学”：学生利用被动运输的相关知识，解释生产、生活中的一些现象，并提出解决的办法，将所学理论应用于实践指导，达成知识的深度学习。

满眼一片白茫茫，

寸草不生碱圪梁，

年年辛苦都瞎忙，

大片土地尽撂荒。

思考讨论：

1. 分析盐碱地不利于植物生长的原因？

2. 如何对盐碱地进行治理？请说出你的解决方法。

“评”：在应用中学生对于知识的认识才能真正得到提升，不仅理解知识的内涵，而且关注并尝试解决现实生活中的生物学问题，达成社会责任的培养。

“自我评价”：

如果一次施肥过多或过浓，就会造成土壤溶液的浓度大于根毛细胞液的浓度，根毛细胞失去水分，从而使作物出现“烧苗”现象，可采用的补救方法是（ D ）

A．移栽植物 B．疏松土壤 C．减少光照 D．大量浇水

【知识建构】

- 被动运输
  - 水进出细胞的原理
    - 渗透作用的两个条件：半透膜；浓度差
    - 动物细胞的吸水和失水
      - 外界溶液溶质的浓度＞细胞质浓度，细胞失水皱缩
      - 外界溶液溶质的浓度＝细胞质浓度，细胞形态不变
      - 外界溶液溶质的浓度＜细胞质浓度，细胞吸水膨胀
    - 植物细胞的吸水和失水
      - 实验材料：成熟的植物细胞（洋葱外表皮细胞）
      - 实验原理：植物细胞的原生质层相当于半透膜；细胞壁的伸缩性比原生质层小
      - 实验现象及结果：细胞失水，发生质壁分离；细胞吸水，发生质壁分离复原
  - 自由扩散和协助扩散
    - 自由扩散
      - 概念：高浓度→低浓度
      - 实例：水；O_2CO_2、甘油、乙醇、苯（脂溶性物）
      - 特点：顺浓度；不需要转运蛋白；不需要耗能
    - 协助扩散
      - 概念：高浓 —转运蛋白（载体蛋白/通道蛋白）→ 低浓度
      - 实例：葡萄糖、氨基酸等进入红细胞；（载体蛋白）血浆中Na^+进入神经细胞；水等（通道蛋白）
      - 特点：顺浓度；需要转运蛋白；不需要耗能

编写：丰县民族中学 陈丹霞 徐州市铜山中学 杜艳丽

修订：徐州市铜山中学 杜艳丽

课题2 主动运输与胞吞、胞吐

【学习目标】

①通过观察图解，结合实例，比较分析物质主动运输或胞吞、胞吐进入细胞的方式及特点，深刻理解细胞膜的选择透过性，认同生命的自主性，从而更深刻理解生命的本质（侧重生命观念）

②通过观察生活中的实例，分析跨膜运输的基本原理，学会根据现象提出问题、分析原理、归纳概念的方法（侧重科学探究）

③通过对几种跨膜运输方式进行归纳、比较，提高学生对图表数据的解读能力，通过探索使用图表描述生理活动的方法，明确主动运输与被动运输的区别及对细胞生活的意义（侧重科学思维）

【评价任务】

1. 通过回忆总结被动运输的特点，为主动运输和被动运输的比较作准备（指向学习目标1）

2. 通过动画观察和阅读教材文本，掌握主动运输的概念、方向、条件和意义（指向学习目标1和学习目标2）

3. 理解升华，重难点透析，帮助学生比较分析主动运输和被动运输的异同点（指向学习目标1和目标2）

4. 通过变形虫吞噬食物、分泌抗体等实例分析胞吞胞吐的过程和特点，了解其对生命体的意义（指向学习目标3）

【教学经历】

学习内容1　总结比较被动运输的特点

教学经历1

“教”：（复习上节课内容，构建被动运输概念，要求学生理解不同被动运输的异同点。）请同学们对比分析自由扩散和协助扩散的异同。

“学”：学生观察图例，填表比较、归纳、总结。

“评”：学生通过比较，不难发现被动运输的动力是浓度差，物质顺浓度梯度进出细胞，不需要消耗细胞代谢释放的能量。

“自我评价”：

1. 甲、乙两种物质分别以自由扩散和协助扩散方式进入细胞，如果以人工合成的无蛋白磷脂双分子膜代替细胞膜，并维持其他条件不变，则（D）

A. 甲物质的运输被促进　　B. 乙物质的运输被促进

C. 甲物质的运输被抑制　　D. 乙物质的运输被抑制

2. 影响被动运输的因素有很多，下面图中的A、B是两种被动运输方式的运输速率和被运输物质的浓度之间的关系曲线，请据图回答。

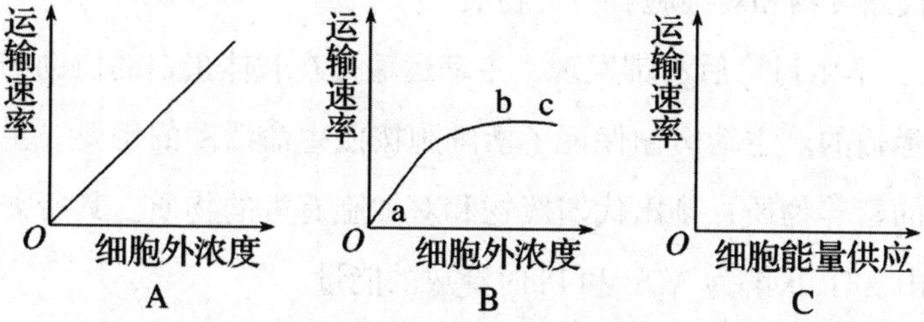

（1）A 表示的运输方式是哪种？其运输速率主要取决于什么？

（2）B 表示的方式若是协助扩散，那么 ab 段的限制因素是什么？ bc 段的限制因素又是什么？

（3）请在 C 中画出被动运输的运输速率和细胞能量供应的关系曲线。

学习内容 2　主动运输的概念、方向、条件和意义

教学经历 2

“教”：（采用讨论法和讲授法，教师借助课本中的资料，引导学生阅读材料；教师可设计问题串，引导学生思考主动运输的概念、方向、条件和意义，并分组讨论）请同学们阅读教材 P63，思考下列问题。

1. 为什么在正常生理条件下，经常会有这样的现象，如神经细胞或肌肉细胞的胞内 K^+ 浓度为胞外的30倍，胞外的 Na^+ 的浓度却比胞内高约13倍，但细胞仍然不断地积累 K^+ 和排出 Na^+？

2. 为什么有些海藻细胞内碘的浓度比周围海水中碘的浓度高得多，但细胞仍能继续吸收碘？

“学”：只有被动运输能满足细胞生命活动的需要吗？请学生说出主动运输的概念、方向、特点、实例及意义，并分组讨论统计酵母菌数量，应统计被染色的还是未染色的？

①运输方向：从低浓度一侧运输到高浓度一侧。

②特点：（1）需要载体蛋白的协助。（2）还需要消耗能量。

③实例：植物根细胞对矿质元素的吸收以主动运输为主，葡萄糖、氨基酸进入动物小肠绒毛上皮细胞也是主动运输。

④意义：保证了活细胞按照生命活动的需要，主动地选择并吸收营养物质，排出代谢废物和对细胞有害的物质。

“评”：学生讨论后不难发现，主动运输是在载体蛋白的协助与能量的消耗下进行运输的。主动运输保证了活细胞按照生命活动的需要，主动地选择吸收需要的营养物质，排出代谢废物和对细胞有害的物质。其所需要的能量来自细胞内 ATP 水解为 ADP 和 Pi 时释放的能量。

“自我评价”：

1. 甲（○）、乙（●）两种物质在细胞膜两侧的分布情况如下图（颗粒的多少表示浓度的高低），在进行跨膜运输时，下列说法正确的是（A）

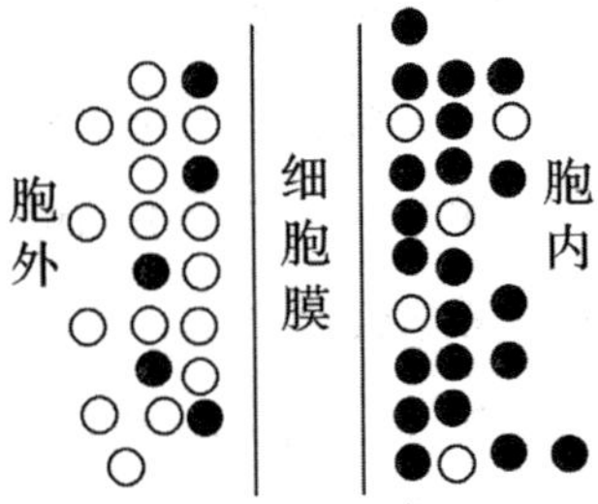

A. 乙进入细胞一定有载体蛋白的参与

B. 乙运出细胞一定有载体蛋白的参与

C. 甲进入细胞一定需要能量

D. 甲运出细胞一定不需要能量

2. 甲、乙、丙三种植物对土壤中 M 离子的吸收情况不同，甲不能吸收，乙、丙能吸收且丙吸收的速率更快，研究表明甲根毛细胞膜上不具有运输 M 离子的载体蛋白，乙、丙根毛细胞膜上具有运输 M 离子的载体蛋白，而且丙的细胞膜上运输 M 离子的载体蛋白数量较多。这说明影响主动运输的因素之一是什么？

学习内容 3　比较分析主动运输和被动运输的异同点

教学经历 3

“教”：（教师引导学生学习抽象概括，并在对比中区分概念的内涵，使跨膜运输的教学内容整体化、条理化。）

请同学们对主动运输和被动运输的异同点进行总结归纳，并完成下表。

图例	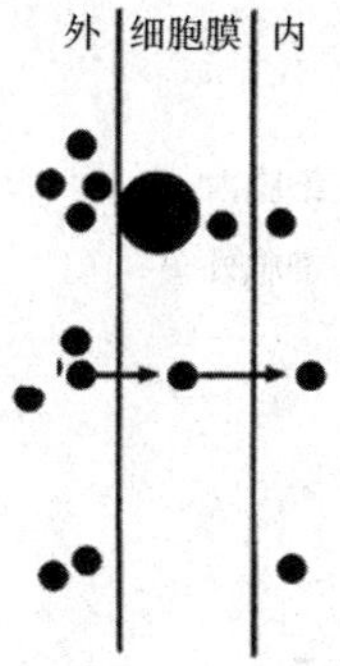	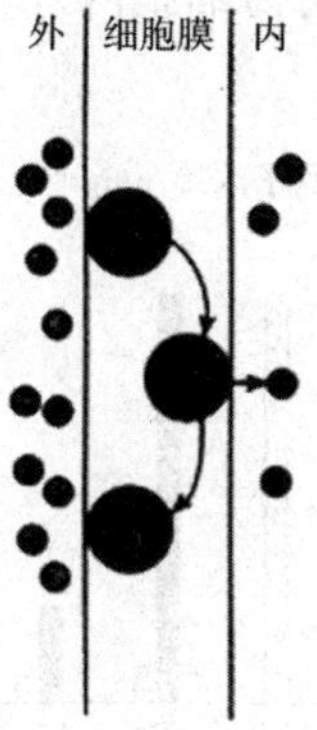	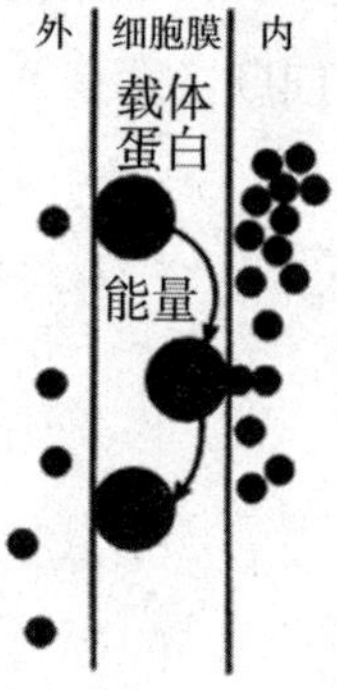
名称	自由扩散	协助扩散	主动运输
浓度	高浓度→低浓度	高浓度→低浓度	低浓度→高浓度
载体	不需要	需要	需要
能量	不需要	不需要	需要
举例	气体（氧气、二氧化碳）、脂溶性小分子（甘油、乙醇、苯等）	水分子（通过水通道蛋白）、离子、葡萄糖、氨基酸顺浓度梯度运输	离子或其他物质逆浓度梯度运输

“学”：学生通过表格，分析比较离子、小分子跨膜运输方式的异同，构建概念模型。

“评”：学生结合观察生活中的实例，分析跨膜运输的基本原理，学会根据现象分析原理、归纳概念的方法。

“自我评价”：

1. 研究表明，主动运输的运输速率和细胞的能量供应之间的关系如图所示，请分析。

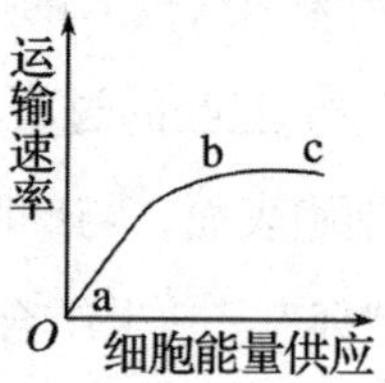

（1）ab 段的变化说明了什么？

（2）bc 段的变化原因是什么？

（3）植物生长需从土壤中吸收大量无机盐。请解释在农业生产中为什么要给作物松土？

2. 如图表示的是一个动物细胞内外不同离子的相对浓度。结合所学知识，回答问题：

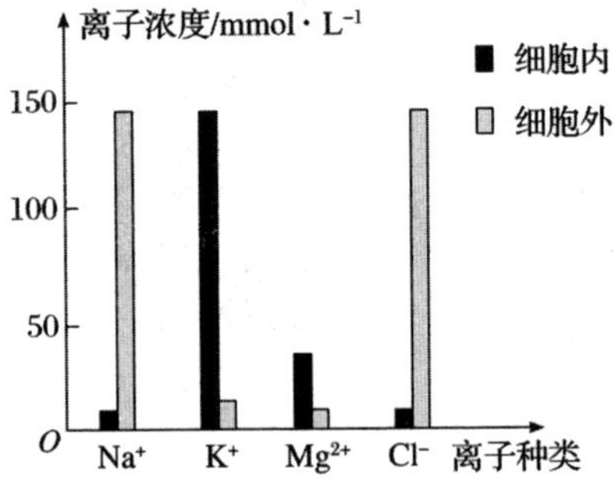

（1）哪些离子通过主动运输进入细胞？

（2）哪些离子通过主动运输排出细胞？

（3）你是如何作出以上判断的？

学习内容 4　胞吞胞吐的过程、特点和意义

教学经历 4

“教”：请同学们观察并思考胞吞和胞吐都要发生膜的弯曲、折叠和融合，这主要体现了生物膜的什么特点？如果用抑制剂降低细胞呼吸，细胞的能量供应减少，胞吞和胞吐也会受到影响，这说明什么？

“学”：学生观察分析后，说出胞吞胞吐的大体过程。

（1）胞吞的过程

细胞外大分子和颗粒性物质 —附着于细胞膜上／细胞膜内陷→ 形成小囊 —从膜上分离→ 小囊泡 —进入→ 细胞内

变形虫利用胞吞作用来获取食物，哺乳动物的白细胞和吞噬细胞利用胞吞作用来消灭侵入的病菌。

（2）胞吐的过程与胞吞相反，有些物质通过形成小囊泡从细胞内部逐步移到细胞表面，与细胞膜融合而把物质向外排出，如分泌抗体、激素等。

“评”：学生结合教材对胞吞和胞吐进行分析可知，某些大分子物质进出细胞的方式。对上一节顺浓度运输进行了补充，完成了物质跨膜运输的模型构建。

教学参考：胞吞、胞吐与主动运输的比较。

比较项目	胞吞和胞吐	主动运输
分子大小	大分子和颗粒性物质	小分子和离子
是否需要载体蛋白	否	是
是否消耗能量	是	是
结构或功能基础	细胞膜的流动性	细胞膜的选择透过性

“自我评价”：

1. 如图表示细胞对大分子物质“胞吞”和“胞吐”的过程。下列有关叙述错误的是（ D ）

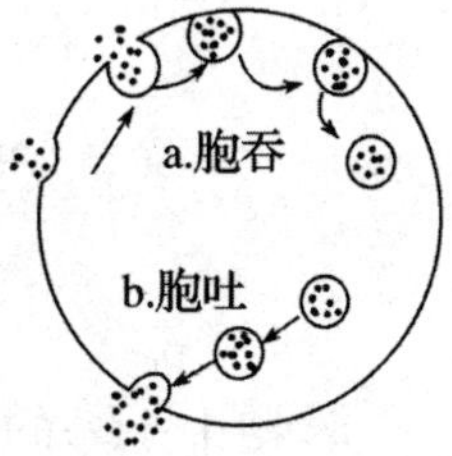

A.a 与 b 均要以膜的流动性为基础才可能发生

B.a 要有细胞表面识别和内部供能才可能完成

C.b 表示细胞分泌的同时会导致膜成分的更新

D.b 与 a 分别是细胞排泄废物和摄取养分的基本方式

2. 下图表示的是物质 P 和 Q 跨膜运出细胞，下列叙述正确的是（ D ）

A. 物质 P 可能是氧气

B. 物质 Q 一定是水分子

C. 物质 P 和 Q 运出细胞都需要载体蛋白

D. 物质 P 和 Q 运出细胞不是都消耗能量

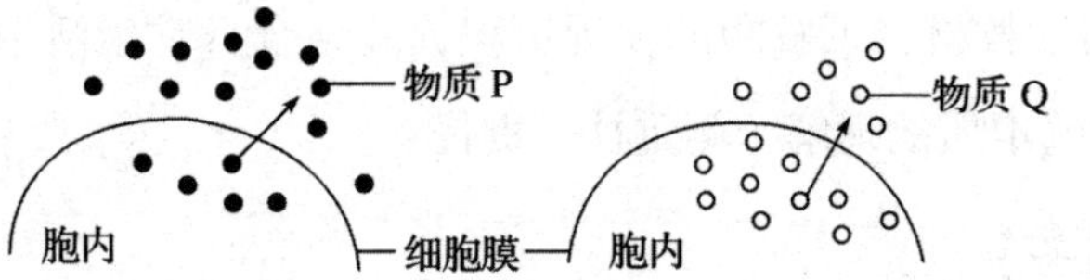

【知识建构】

物质的跨膜运输

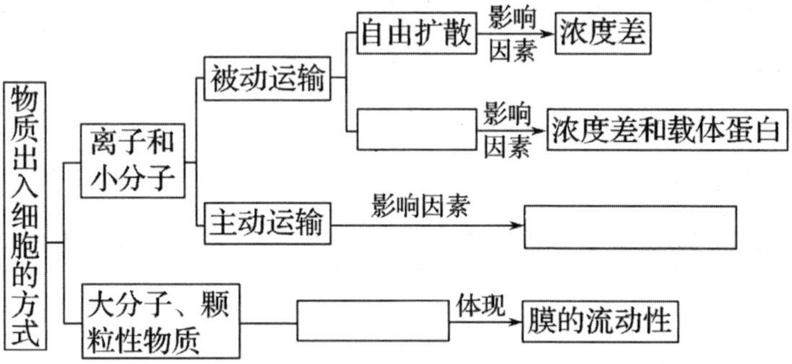

编写：南京市第二十九中学　丁丽娟　南京师范大学附属中学　沈静丹
修订：南京市第二十九中学　丁丽娟

专题 5　细胞的能量供应和利用

课题1　酶的作用和本质

【学习目标】

1. 通过对斯帕兰扎尼实验讨论，初步认识并理解酶的作用；通过教材图解及动画演示，明确催化剂可降低化学反应的活化能（侧重科学思维）

2. 通过“比较过氧化氢在不同条件下的分解”实验的分析与讨论，学会控制自变量、观察和检测因变量，并掌握设置对照实验的基本方法（侧重科学探究）

3. 通过阅读教材，了解酶的发现历程，并结合日常生活中酶的运用实例分析，加深对酶本质的理解（侧重社会责任）

【评价任务】

1. 讨论斯帕兰扎尼鹰肉块消化实验，感知化学性消化离不开酶（指向学习目标1、3）

2. 细胞代谢的概念及细胞代谢宏观分析讨论（指向学习目标1）

3. 分析“比较过氧化氢在不同条件下的分解”实验，理解对照实验的设计思路（指向学习目标2）

4. 讨论对照实验设计的变量、变量控制、设计原则、结果分析及结论推理（指向学习目标2）

5. 酶的作用原理及机理曲线分析，理解酶的高效性（指向学习目标1）

6. 重温科学家们对酶本质的探索历程，体验每一科学发现都是循序渐进的过程（指向学习目标3）

7. 概括与总结酶的化学本质与作用机理，加深酶对细胞代谢作用的理解（指向学习目标1、3）

【教学经历】

学习内容1　斯帕兰札尼鹰肉块消化实验

教学经历1

“教”：（教师结合科学史内容，让学生进入有趣的学习情境，让学生感受生物研究发生和发展的历史。）

请同学们阅读以下资料，并思考相关问题。

1773年，意大利科学家斯帕兰扎尼做了一个巧妙的实验：将肉块放入小巧的金属笼内，然后让鹰把小笼子吞下去。一段时间后，他把小笼子取出来，发现笼内的肉块消失了。

“学”：学生思考讨论下列问题。

1. 为什么要将肉块放在金属笼内？

2. 是什么物质使肉块消失了？

3. 怎样才能证明你的推测？

“评”：通过讨论学生认识到化学性消化离不开酶。

“自我评价”：

试归纳“斯帕兰札尼鹰肉块消化实验”的结论。

学习内容 2　细胞代谢的概念及细胞代谢宏观分析讨论

教学经历 2

"教":(从学生熟知的生活实例入手，结合教材，展示多酶片、嫩肉粉、生物酶牙膏等日常生活用品，在此基础上强调"细胞代谢离不开酶"。)

请同学们阅读教材"科学 科技 社会"栏目"酶为生活添姿彩"，并谈谈生活中接触过的酶还有哪些。

"学"：学生思考讨论下列问题。

1. 细胞代谢的含义是什么?

2. 人体内细胞代谢在温和的条件下（37℃、1个大气压）能正常进行，离不开哪一类重要化合物?

3. 试列举出日常生活中细胞代谢的具体实例。

"自我评价"：

试讨论、比较体外化学反应与细胞代谢在发生条件上有哪些不同?

体外化学反应	细胞代谢
高温、高压、强酸或强碱、无机催化剂	常温、常压、PH 值接近中性、大量酶参与

学习内容 3　"比较过氧化氢在不同条件下的分解"实验

教学经历 3

"教":(教师演示实验或者学生分组操作，在实践中引导学生分析"比较过氧化氢在不同条件下的分解"实验，理解对照实验的设计思路，并通过实验认识酶在代谢中的重要作用。)

请同学们完成实验并分析。

"学"：学生完成实验，思考以下问题，并完成表格。

1. 用生物反应式表示出该实验的原理。

2. 根据实验过程和现象完成下列表格。

试管步骤		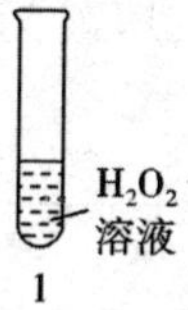	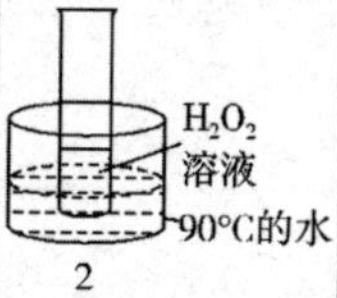	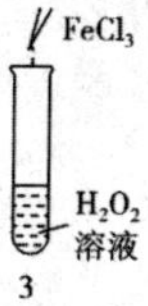	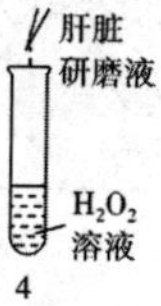
相同处理		向4支试管中分别加入			
不同处理		不处理	放在90℃左右的水中加热	滴入	滴入
现象	气泡	基本无		较多	
	带火星卫生香				

3. 该实验的结论是什么?

4. 讨论该实验成功的关键因子有哪些?

5.H_2O_2分解速率快慢的检测方法有哪些?

“评”：通过实验现象观察和分组讨论，学生可以总结该实验的原理、过程、现象及结论。

“自我评价”：

结合实验材料、用具、操作步骤及安全性等方面，思考下列问题。

（1）实验时，选用新鲜的肝脏作为实验材料的原因。

（2）在实验中，为什么将肝脏研磨成溶液?

（3）在滴加肝脏研磨液和$FeCl_3$溶液时，为什么不能共用一支吸管?

学习内容4 对照实验设计相关问题讨论

教学经历4

“教”:（提供具体实验，引导学生讨论对照实验设计的变量、变量控制、设计原则、结果分析及结论推理，掌握科学方法，尽可能创造条件让学生亲自动手探究。）

请同学们阅读资料设计并完善实验。

“学”：学生尝试从四个方面对以下实验进行分析。

1. 实验设计中的几个相关变量

实验过程中可以变化的因素称为变量。请分析本实验的相关变量是什么?

自变量	在实验中人为改变的变量	2号试管	
		3号试管	
		4号试管	
因变量	随自变量变化而变化的变量		
无关变量	除自变量外，实验中对实验结果造成影响的变量		

2. 对照实验的含义及设计原则

①含义：除了一个因素（自变量）以外，其余因素都保持不变的实验叫作对照实验。

②原则：除了要观察的变量外，其他变量（无关变量）都应当始终保持相同。

分析本实验中的对照组和实验组。

对照组	1号试管只加入2ml H_2O_2溶液，以排除其他因素（如温度）的变化对实验结果产生的影响
实验组	

3. 以该实验为例，说说实验设计应遵循的原则

实验设计原则有单一变量原则、对照性原则、等量适宜原则、可观测性原则等。只有对照实验中才需要设置变量，纯粹的观察实验（如高倍显微镜观察叶绿体和细胞质流动）则无须设置变量。

4. 实验结论

“评”：通过真实情境的分析，学生能够对对照实验设计的变量、变量控制、设计原则、结果分析及结论推理作出分析，并学习设计对照实验。

“自我评价”：

结合教材P77中比较过氧化氢在不同条件下的分解实验过程和下图分析。

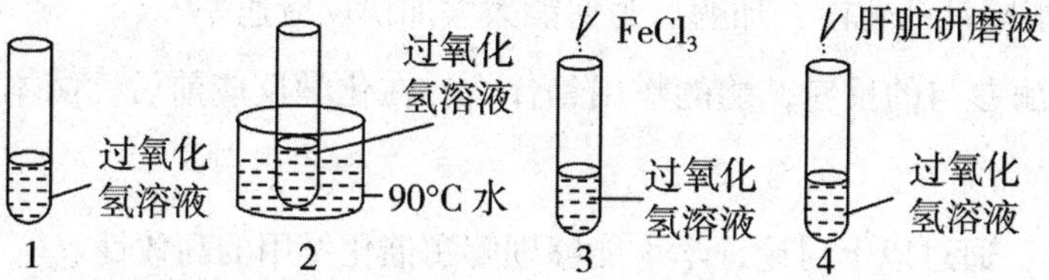

（1）在对照实验中，除了要观察的变量（自变量）外，其他变量（无关变量）都应当始终保持相同。分析上述实验中的自变量、因变量、无关变量、对照组、实验组分别是下列哪些项？

（2）2、3、4号三支试管都有气泡放出，但4号试管放出的气泡最多，说明了什么？

（3）与1号试管相比，2号试管出现什么不同的现象？这一现象说明什么？

（4）通过对这个实验结果的分析，你认为酶在细胞代谢中具有什么作用？

学习内容 5 酶的作用原理与作用机理曲线分析

教学经历 5

“教”：（从酶的作用原理推导机理曲线，运用数学模型建构的方法，引导学生进行观察分析，理解酶的高效性。）

请同学们思考并回答以下问题。

“学”：学生思考以下两方面问题。

1．酶的作用原理

（1）活化能是____________

（2）酶的作用机制是____________

（3）酶的作用结果____________

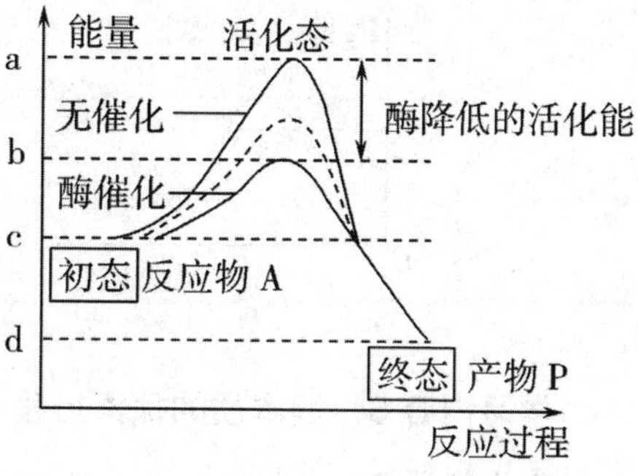

2．酶的作用机理曲线分析

酶和其他催化剂均能降低化学反应的活化能，思考并回答下列问题。

①图 ac 段、bc 段、ab 段分别表示的含义是什么？

②若将酶变为无机催化剂，则 b 在纵轴上如何移动（虚线）？用加热的

方法能不能降低活化能？加酶后为何能大大加快反应速率？

③有酶参与的反应，酶的作用是什么？在化学反应前后，酶本身发生怎样的变化？

“评”：通过以上讨论，学生能够理解酶催化作用的高效性。

“自我评价”：

1. 下表的数据是在20℃测得的 H_2O_2 分解的活化能。从数据来看，酶和无机催化剂相比有什么不同？

条件	活化能 /kJ · mol
没有催化剂催化	75
$FeCl_3$ 催化	54
用过氧化氢酶催化	29

2. 下列各图中，①表示有酶催化的反应曲线，②表示没有酶催化的反应曲线，E 表示酶降低的活化能。其中正确的图解是（　　）

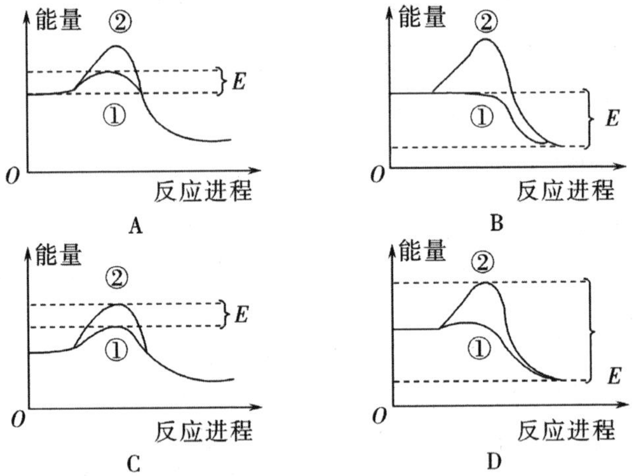

学习内容 6　酶本质的探索历程

教学经历 6

“教”：（教师设计问题串，结合课本资料和讨论题展开讨论，帮助学生建立起“大多数酶是蛋白质”的重要概念。)

请同学们结合教材P79~80关于酶本质的探索部分，阅读科学史，开展“关于酶本质的探索”资料分析的讨论活动。

“学”：学生回答下列问题。

1．巴斯德和李比希的观点各有什么积极意义？各有什么局限性？

2．科学发展过程中出现争论是正常的。试分析巴斯德和李比希之间出现争论的原因是什么，这一争论对后人进一步研究酶的本质起到了什么作用？

3．从毕希纳的实验可得出什么结论？

4．萨姆纳历时9年才证明脲酶是蛋白质，并因此荣获诺贝尔化学奖。你认为他成功的主要因素是什么？

5．结合巴斯德和李比希的观点及毕希纳的实验结果，分析酶的产生和发挥作用是否都必须在细胞内进行，阐述理由。

6．科学家从一种叫四膜虫的生物中获得某种酶的结晶，你能设计实验鉴定该酶是蛋白质还是RNA吗？请简要说明实验思路和结论。

“评”：重温科学家们对酶本质的探索历程，体验每一科学发现都是循序渐进的过程，认同科学是在实验和争论中前进的。

“自我评价”：

阅读教材P79“资料分析”后，把科学家和他们的发现连起来。

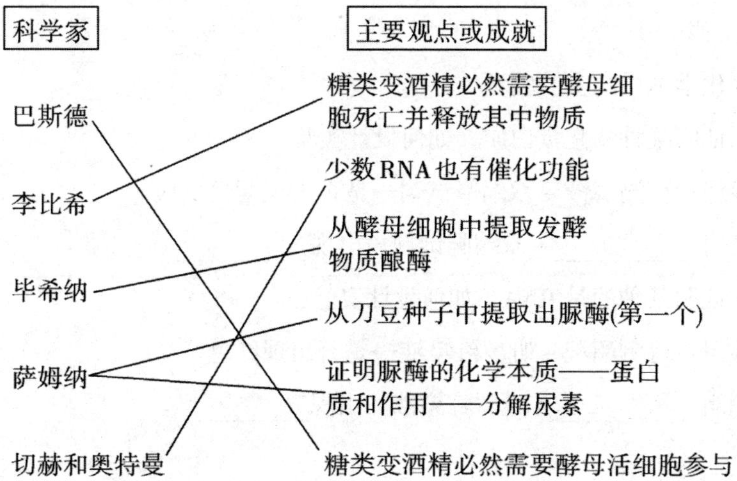
科学家
主要观点或成就
巴斯德
李比希
毕希纳
萨姆纳
切赫和奥特曼
糖类变酒精必然需要酵母细胞死亡并释放其中物质
少数RNA也有催化功能
从酵母细胞中提取发酵物质酿酶
从刀豆种子中提取出脲酶(第一个)
证明脲酶的化学本质——蛋白质和作用——分解尿素
糖类变酒精必然需要酵母活细胞参与

学习内容 7　酶的本质、生理功能及化学本质验证

教学经历 7

"教"：（教师提出问题并设计实验，引导学生完成酶的本质、生理功能及化学本质验证。）同学们结合分析教材图5-1，思考并讨论以下问题。

"学"：完成下列关于酶本质与生理功能总结表格。

1. 酶的本质与生理功能

概念	酶是活细胞产生的 ______________ 的有机物	
来源	一般来说，______________ 都能产生酶（哺乳动物成熟的红细胞不能产生酶，但含有酶）	
生理功能	生物催化功能（反应前后酶的性质和数量 ______________）	
作用机理	降低化学反应的活化能，______________ 反应速率	
酶催化作用		
实验验证	实验组：底物 + 相应酶→底物被分解 对照组：底物 +______________ →底物不被分解	
作用场所	在细胞内（呼吸酶等）、细胞外（消化酶等）、体外都能发挥催化作用	
化学本质		极少数是 RNA
合成原料		
合成场所		细胞核（主要）、线粒体、叶绿体

易错提醒：酶只有催化作用，没有调节功能；酶可作为催化剂，也可以作为反应底物。

2. 酶化学本质的实验验证

（1）证明某种酶是蛋白质，如何设计实验？

实验组：待测酶液 + 双缩脲试剂→是否出现紫色反应。

对照组：__________ + 双缩脲试剂→出现__________。

（2）证明某种酶是 RNA，如何设计实验？

实验组：待测酶液 + 吡罗红染液→是否出现红色。

对照组：__________ + 吡罗红染液→出现__________。

2. 酶化学本质的实验验证

（1）对照组：已知蛋白液 + 双缩脲试剂→出现紫色反应。

（2）对照组：已知 RNA 液 + 吡罗红染液→出现红色。

“评”：通过以上训练，学生能概括与总结酶的化学本质与作用机理，加深酶对细胞代谢作用的理解。

“自我评价”：

1. 判断下列叙述的正误。

（1）酶的作用是为化学反应提供能量（ × ）

（2）同无机催化剂相比，酶催化效率更高的原因是酶降低活化能的作用更显著（ √ ）

（3）酶是活细胞产生的，只能在细胞内起作用（ × ）

（4）所有的酶都是在核糖体上合成的（ × ）

2. 关于酶的叙述，正确的是（ C ）

A. 酶只有在生物体内才能起催化作用

B. 酶都有消化作用

C. 调节新陈代谢的物质不是酶

D. 所有酶与双缩脲试剂作用均可发生紫色反应

3. 活细胞内合成酶的原料是（ D ）

A. 脂肪酸　B. 核苷酸　C. 氨基酸　D. 氨基酸或核糖核苷酸

4. 如图为酶催化反应的过程示意图，以数字编号的图形分别表示反应物、酶、生成物等反应要素，其中表示酶的图形编号是（ A ）

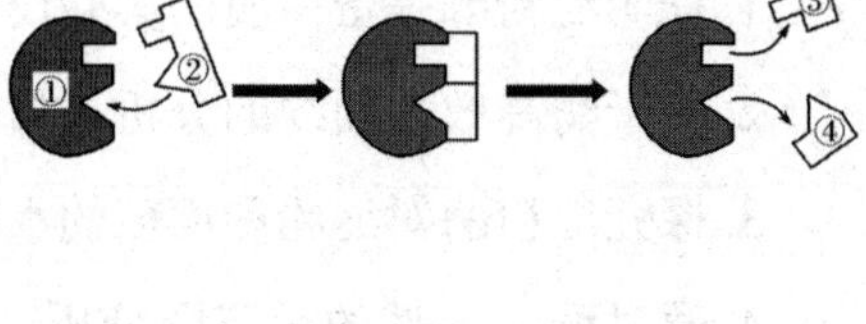

A. ①　　B. ②

C. ③　　D. ④

【知识建构】

完成下列关于“酶”的概念图：

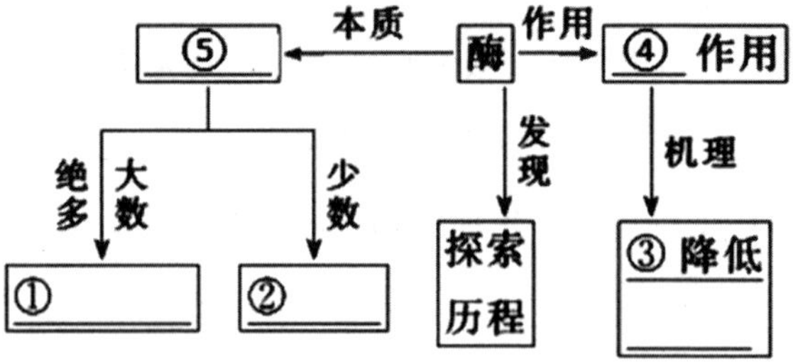

编写：东台市时堰中学　冯小勇　　　泗洪县教师发展中心　罗　玲

修订：南京市第二十九中学　丁丽娟

课题2　酶的特性

【学习目标】

1. 通过图像观察，实验观察、分析，认识到酶与无机催化剂相比具有的特性主要是因为酶是有机物且绝大多数酶是蛋白质。细胞代谢离不开酶的作用，只有保持细胞内酶的活性，细胞代谢才能高效、有序进行，从而形成生命的物质观和能量观（侧重生命观念）

2. 通过探究性实验设计、实验操作、实验分析、实验结果的交流和展示，学会控制自变量、无关变量，分析因变量（侧重科学探究和科学思维）

3. 通过曲线分析，描述曲线所表示的生物学含义（侧重科学思维）

4. 通过生活中的酶，了解酶在生活中发挥着重要的作用，而这离不开酶工程技术的支撑（侧重社会责任）

【评价任务】

1. 证明淀粉酶是蛋白质的实验设计思路（指向学习目标1）

2. 关于酶高效性曲线的分析（指向学习目标3）

3. 探究淀粉酶对淀粉和蔗糖的水解作用（指向学习目标2）

4. 通过酶专一性的示意图分析，认识到酶的专一性与酶的结构有关（指向学习目标1）

5. 探究温度对酶活性的影响（指向学习目标2）

6. 探究 PH 对酶活性的影响（指向学习目标2）

7. 影响酶促反应速率的曲线分析（指向学习目标3）

8. 加酶洗衣粉、多酶片的应用（指向学习目标4）

【教学经历】

学习内容1　酶的化学本质

教学经历1

“教”：酶是活细胞产生的具有催化作用的有机物，绝大多数酶是蛋白质，少数酶是 RNA。我们口腔中的唾液淀粉酶、胃腔中的胃蛋白酶、细胞中的很多酶都是蛋白质，那么如何证明唾液淀粉酶是蛋白质呢？请同学们设计实验思路，预测实验结果。

“学”：学生根据实验设计的原则，设计实验思路（将等量的淀粉酶与已知蛋白液分别与双缩脲试剂反应，如果都出现紫色，说明淀粉酶是蛋白质，反之就不是）。

“评”：学生参与实验设计及现象观察，进一步感知绝大多数酶的化学本质是蛋白质。建立前后知识的联系与迁移，训练学生的实验设计能力。

“自我评价”：思考辨析。

1. 所有的酶都是由氨基酸脱水缩合形成的（ × ）

2. 淀粉酶变性后不能使双缩脲试剂变成紫色（ × ）

3. 酶都是活细胞产生的，离开细胞后就不能发挥催化作用（ × ）

学习内容2　酶的特性——高效性

教学经历2

“教”：绝大多数酶是蛋白质，化学本质不同于无机催化剂，那么，酶的催化作用与无机催化剂有什么不同？教师引导学生回忆 H_2O_2 在不同条件下的分解实验，得出酶具有高效性的特点的结论。教师呈现酶降低化学反应活化能示意图，引导学生思考并讨论以下问题。

“学”：学生据图讨论相关的问题，总结酶具有高效性的机理。

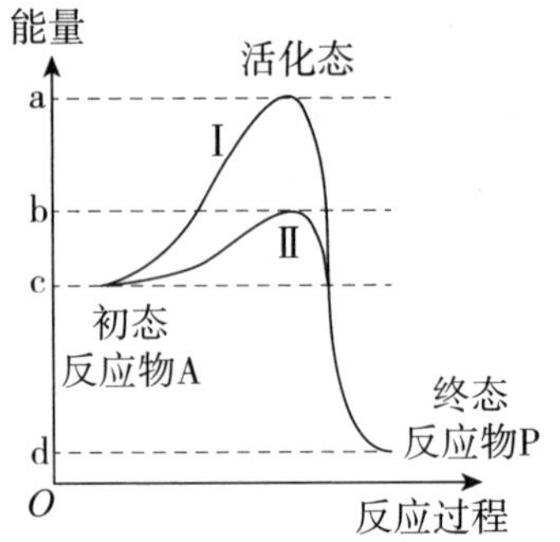

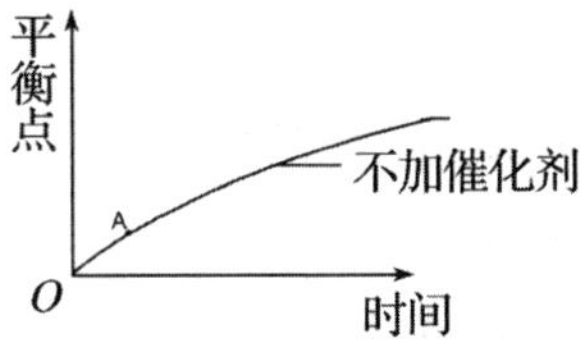

（1）左图中两条曲线分别表示有酶和无酶作用下反应所需的能量，其中曲线Ⅱ表示有酶时的反应过程，因为曲线Ⅰ反应所需的能量要多于曲线Ⅱ，酶能降低反应所需的活化能。如果添加一条无机催化剂反应的曲线，应在图上如何描绘？

（2）右图的 A 点如果给予无机催化剂或者生物酶，曲线将如何变化？请在图中表示出来。

“评”：整合化学知识，进一步探讨催化剂发挥催化作用的机理，促进学科融合。

“自我评价”：酶具有高效性对于细胞来说有什么样的意义？

酶的高效性能保证细胞代谢所需的物质和能量的供应。

学习内容 3　酶的特性——专一性

教学经历 3

“教”：无机催化剂催化的范围比较广，例如，酸既能催化蛋白质水解，也能催化脂肪水解，还能催化淀粉水解，大家思考一下，如果酶也像无机催化剂一样，那么会发生什么样的后果？请同学们猜想酶应该具有什么特性？如何用实验来验证我们的猜想？

“学”：学生通过分析，推测要使细胞里的反应有序进行，一种酶应该只能催化一类反应的发生，这样才能避免混乱，即酶应该具有专一性的特性。学生根据教师提供的实验材料用具，设计实验并进行实验，对实验结果进行分析讨论，建构酶具有专一性这一重要概念。

实验名称：探究淀粉酶对淀粉和蔗糖的水解作用

实验原理：淀粉和蔗糖都是非还原糖。它们在酶的催化作用下都能水解成还原糖。在淀粉溶液和蔗糖溶液中分别加入淀粉酶，再用斐林试剂鉴定溶液中有无还原糖，就可以看出淀粉酶是否只能催化特定的化学反应。

方法步骤：

序号	项目	试管1	试管2
1	注入可溶性淀粉	2ml	—
2	注入蔗糖溶液	—	2ml
3	注入新鲜的淀粉酶溶液	2ml	2ml
4	水浴加热到60℃	5min	5min
5	注入斐林试剂	2ml	2ml
6	水浴煮沸1min，观察实验结果		

完成实验步骤，填写实验结果。

实验结论：淀粉酶只能催化淀粉水解，不能催化蔗糖水解，由此推测酶具有专一性。

“评”：通过对生物学事实的观察认识酶只能催化一种或一类反应，并在实验过程中发展学生的科学探究能力。

“自我评价”：

1. 本实验的自变量是<u>淀粉和蔗糖</u>，因变量是<u>淀粉、蔗糖不水解产生还原糖</u>，无关变量是<u>淀粉和蔗糖的量、淀粉酶的浓度和用量、反应的温度等</u>（写出两个）。

2. 该实验是否可以用碘液进行检测？为什么？

教学经历4：

“教”：教师提供图片信息，引导学生思考酶具有专一性的原因。

“学”：学生根据图片信息，直观感受酶具有专一性的原因。

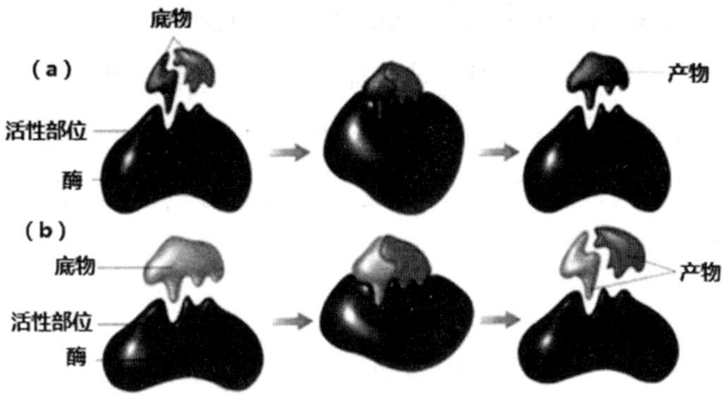

（1）酶的专一性与图中的什么部位有关?

（2）用语言描述一下底物和酶结合后的变化。

"评"：学生从分子角度认同结构与其功能相适应，对酶专一性的本质有更深层次的理解。

"自我评价"：

为什么有的酶只能催化一种物质的化学反应，而有的酶可以催化一类物质的化学反应?

学习内容 4　酶的作用条件较温和

教学经历 5

"教"：无机催化剂在催化反应时往往需要在高温或高压下进行，而绝大多数酶是蛋白质，蛋白质在高温、高压、强酸、强碱等条件下空间结构会发生不可逆的改变而凝结起来，我们称之为变性，蛋白质发生变性后，其活性也就丧失了。教师提供实验所需的材料用具，引导学生主动探究温度和 PH 对酶活性的影响，体会酶的作用条件较温和。

"学"：学生探究影响酶活性的条件。

供选择的材料用具：

新配制的质量分数为2% 的淀粉酶溶液，新鲜的质量分数为20% 的肝脏研磨液，缓冲液，质量分数为3% 的可溶性淀粉溶液，体积分数为3% 的过氧化氢溶液，物质的量为0.01mol/L的盐酸，物质的量为0.01mol/L的 NaOH溶液，热水，蒸馏水，冰块，碘液，斐林试剂。

试管，量筒，小烧杯，大烧杯，滴管，试管夹，酒精灯，三脚架，石棉网，温度计，PH 试纸，火柴。

（1）探究温度对酶活性的影响

①该实验最好选择______酶和______作实验材料，理由是__________。

②实验自变量是______，设定的温度值是______，通过________控制。

实验因变量是________，用________试剂检测。

③实验步骤：

<table>
<tr><th>序号</th><th>操作</th><th>试管1</th><th>试管1’</th><th>试管2</th><th>试管2’</th><th>试管3</th><th>试管3’</th></tr>
<tr><td>1</td><td>加入可溶性淀粉</td><td>1ml</td><td>—</td><td>1ml</td><td>—</td><td>1ml</td><td>—</td></tr>
<tr><td>2</td><td>加入2% 淀粉酶</td><td>—</td><td>1ml</td><td>—</td><td>1ml</td><td>—</td><td>1ml</td></tr>
<tr><td>3</td><td>分别水浴保温5min</td><td colspan="2">0℃</td><td colspan="2">60℃</td><td colspan="2">100℃</td></tr>
<tr><td>4</td><td>将两试管混合摇匀</td><td colspan="2">1’加入1中</td><td colspan="2">2’加入2中</td><td colspan="2">3’加入3中</td></tr>
<tr><td>5</td><td>分别保温5min</td><td>0℃</td><td rowspan="3">—</td><td>60℃</td><td rowspan="3">—</td><td>100℃</td><td rowspan="3">—</td></tr>
<tr><td>6</td><td>取出滴加碘液</td><td>2滴</td><td>2滴</td><td>2滴</td></tr>
<tr><td>7</td><td>观察实验现象</td><td></td><td></td><td></td></tr>
</table>

④实验操作：按实验步骤进行操作。

⑤实验结果：填入表中。

试管1：变蓝、试管2：不变蓝、试管3：变蓝。

⑥实验结论：温度会影响酶的活性，低温、高温下酶活性低，适宜温度下酶的活性高。

⑦进一步探究：将0℃和100℃分别调到60℃，预测实验结果是否相同，并通过实验验证。

温度过高会使酶的空间结构遭到破坏；低温下酶的活性很低，但是空间结构稳定，所以酶制剂适宜保存在低温条件下。

⑧尝试画出温度对酶活性的影响曲线

在一定范围内，酶的反应速率随温度上升而逐渐加快，超过一定范围，反应速率随温度上升而逐渐降低，曲线的最高点对应的温度称之为最适温度。

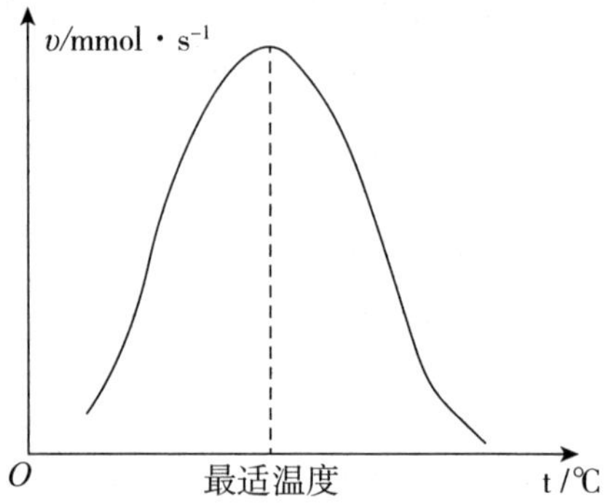

“自我评价”：

①实验过程中能否先把淀粉和淀粉酶混合后再控制温度？为什么？

②该实验如果用斐林试剂来检测实验结果，应该如何操作？

③若探究淀粉酶的最适温度，应该如何设计实验？

（2）探究 PH 对酶活性的影响

①该实验最好选择________酶和________作实验材料，理由是________。

②实验自变量是______，可设定______组实验，实验因变量是______。

③实验步骤：

序号	操作	试管 1	试管 2	试管 3
1	滴加 20% 的肝脏研磨液	2 滴	2 滴	2 滴
2	加入蒸馏水	2ml	—	—
3	加入 0.01mol/L 的盐酸	—	2ml	
4	加入 0.01mol/L 的 NaOH	—	—	2ml
5	加入 3% 的过氧化氢溶液	2ml	2ml	2ml
6	观察实验现象			

④实验操作：按实验步骤进行操作。

⑤实验结果：填入表中。

试管 1：有大量气泡产生、试管 2：少量气泡、试管 3：少量气泡。

⑥实验结论：PH 会影响酶的活性，H_2O_2 酶在酸性、碱性条件下酶活性低，

在中性条件下活性高。

⑦进一步探究：如果将试管1中的PH调至适宜状态，反应速率能否加快，请说明理由。

⑧尝试画出PH对酶活性的影响曲线

在一定范围内，反应速率随PH逐渐升高而升高，超过一定范围，反应速率随PH的升高而降低，曲线的最高点对应的PH值称之为最适PH。

“评”学生通过实验设计、实验操作及对实验现象的观察，论证温度和PH都会影响酶的活性，酶需要在适宜的条件下才能发挥催化作用，训练科学思维，发展科学探究能力。

“自我评价”：

1. 如何探究胰蛋白酶的最适PH，请写出实验设计思路。

学习内容5 影响酶促反应的其他因素

教学经历6

“教”：教师呈现酶促反应速率与底物浓度关系的曲线图，引导学生分析不同底物浓度时影响反应速率的因素。

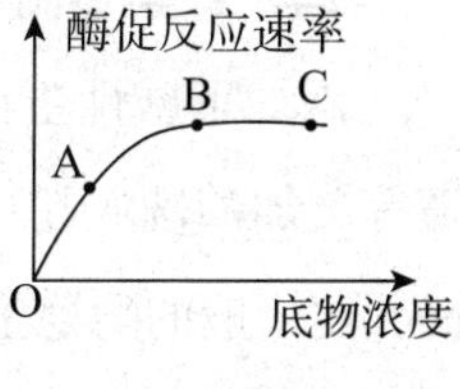

“学”：学生据图分析得知酶促反应除了受到温度和PH的影响外，还受到底物浓度、酶浓度的影响。

（1）图中A点限制该酶促反应速度的主要因素是什么？B点反应速率不再上升，其原因是什么？

（2）若在图中的B点增加酶的浓度，其他条件不变，请在图中画出反应速率变化的示意图。

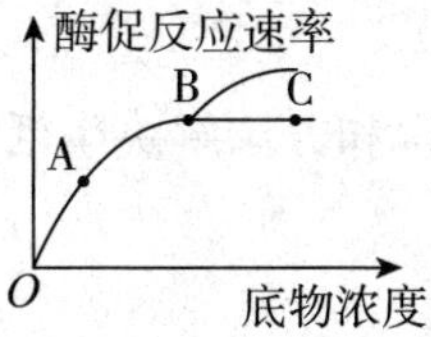

“评”：通过曲线分析，描述曲线所表示的生物学含义，发展学生科学思维，另外学生对影响酶促反应的因素有了更全面的认识。

“自我评价”：

如图为不同条件下同种酶促反应速率的变化曲线，下列有关叙述错误的是（D）

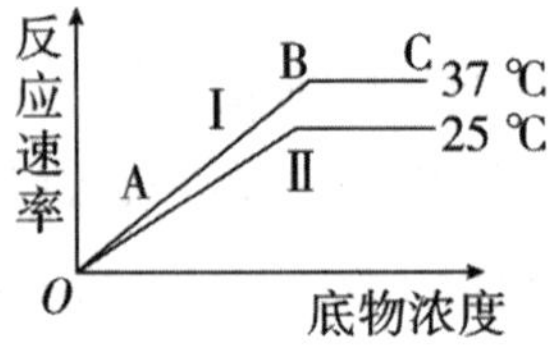

A. 影响 AB 段反应速率的主要因素是底物的浓度

B. 影响 BC 段反应速率的主要限制因素是酶量

C. 温度导致酶促反应Ⅰ和Ⅱ的速率不同

D. 曲线Ⅰ显示，该酶促反应的最适温度为37℃

学习内容6 酶为生活添姿彩

教学经历7

“教”：教师提供资料，展示酶在生活中的一些应用，引导学生学以致用。

“学”：学生阅读资料，思考讨论以下问题。

添加了碱性蛋白酶、碱性脂肪酶的加酶洗衣粉能更有效地去除奶渍、油渍等，加酶洗衣粉中的酶不是直接来自生物体的，而是经过酶工程改造的产品，比一般的酶稳定性强。

多酶片中含有胃蛋白酶、胰酶等多种消化酶，人在消化不良时可以服用。

1. 加酶洗衣粉在使用时有什么注意事项?

2. 多酶片中的消化酶要在相应的消化道释放并发挥作用，请尝试画出多酶片的构造。

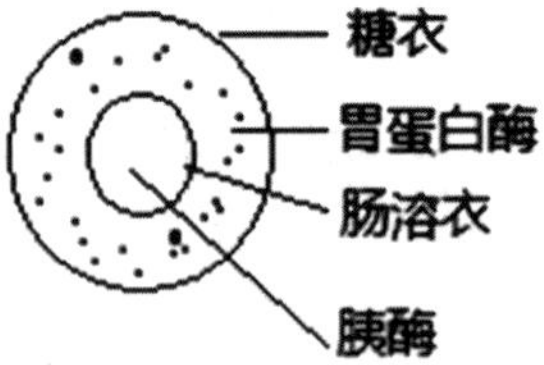

3. 多酶片可以嚼碎服用吗?

“评”：学生用生物学知识和方法解决生活中相关问题，承担社会责任。

“自我评价”：

生活中酶是无处不在的，除了资料里的加酶洗衣服、多酶片，还有抗菌消炎的溶菌酶、澄清果汁的果胶酶、处理废油脂的脂肪酶，但是自然界中存在的酶并不完全适于在生活和生产上应用，科学家利用酶工程技术对酶进行改造，使之更加符合人们的需要。下列叙述错误的是（ B ）

A. 溶菌酶能溶解细菌的细胞壁，在临床上与抗生素复合使用可增强疗效

B. 加酶洗衣粉中的酶一般直接来自生物体内，有较强的稳定性

C. 果胶酶能分解果肉细胞壁中的果胶，提高果汁产量

D. 多酶片含有多种消化酶，可口服治疗消化不良

【知识建构】

		酶的特性	相关实验	自变量	自变量
		高效性	比较 H_2O_2 在不同条件下的分解	加热、H_2O_2、酶、$FeCl_3$	气泡产生的速率
绝大多数酶是蛋白质	活性部位	专一性	探究淀粉酶对淀粉和蔗糖的水解作用	淀粉、蔗糖	是否产生还原糖
	易变性	温和的条件	探究温度对淀粉酶活性的影响	温度	淀粉是否水解
			探究 PH 对 H_2O_2 酶活性的影响	PH	气泡产生的速率

编写：泰州市第二中学　王江红

修订：江苏省天一中学　张永辉

课题3　细胞的能量“货币”ATP

【学习目标】

1. 通过实验探究与资料分析，认可 ATP 是直接的供能物质（侧重科学思维）

2. 通过制作 ATP 的结构模型，分析概括 ATP 的结构，了解 ATP 供能的机理（侧重生命观念）

3. 通过分析 ATP 与 ADP 之间的相互转化过程，建立 ATP 与 ADP 之间的

相互转化的能量供应机制模型，形成物质与能量观、进化与适应观（侧重生命观念）

4. 通过设计实验等活动，形成科学探究的思维（侧重科学思维）

【评价任务】

1. 比较糖类、脂质、ATP与能量的关系（指向学习目标1）

2. 制作ATP的结构模型，通过联系、比较核苷酸的结构，掌握ATP的结构特点，了解ATP提供能量的机理，形成结构与功能观（指向学习目标2）

3. 结合图解，合作探究ATP水解的过程，概括能量的利用（指向学习目标3）

4. 结合情景实例，合作探究ATP合成的过程，分析能量的来源（指向学习目标3）

5. 构建ATP与ADP的相互转化的模型图，理解物质、能量转换是时刻不停地发生着并且处于动态平衡之中的（指向学习目标3）

6. 通过设计实验等活动形成科学思维（指向学习目标4）

【教学经历】

学习内容1　探究细胞生命活动的直接能源物质

“教”：请同学们来观看这样一段视频资料——萤火虫发光及城市发光植物的夜景之美。

资料1：萤火虫的发光机理

萤火虫的发光是生物发光的一种，萤火虫的发光器官位于腹部后端的下方，该处具有发光细胞。发光细胞的周围有许多微细的气管，发光细胞内有荧光素和荧光素酶。荧光素能在荧光素酶的催化下消耗能量，并与氧气发生反应，反应中产生激发态的氧化荧光素，当氧化荧光素从激发态回到基态时释放出荧光。

资料2：荧光素分子结构式含有苯环结构，在生物体内无法代谢供能。

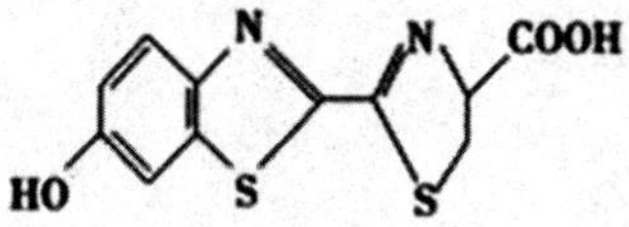

荧光素

“学”：学生观察分析、思考讨论问题

学习任务：探究直接为萤火虫发光供能的物质

实验器材：萤火虫发光器晒干后研成的粉末、葡萄糖溶液、脂肪溶液、ATP 溶液、蒸馏水、大小相同的试管若干、标签纸若干。

请简要写出实验设计。

“评”：发光植物利用的是什么能源？它们为什么可以发光？它们是怎么培育的？

“自我评价”：

1. 生物体内进行生命活动的直接能源物质、主要能源物质和最终能源依次是（ D ）

A．太阳能　糖类　ATP　　　B．ATP　糖类　脂肪

C．ATP　脂肪　太阳能　　　D．ATP　糖类　太阳能

2. 连线表示几种物质与能源之间的关系

直接的能源物质　　　糖类

主要的能源物质　　　淀粉

主要的储能物质　　　ATP

植物特有的储能物质　　　糖原

动物特有的储能物质　　　脂肪

学习内容 2　构建 ATP 生物结构模型

“教”：请同学结合 ATP 的结构式，利用材料尝试构建 ATP 结构模型并提出问题。

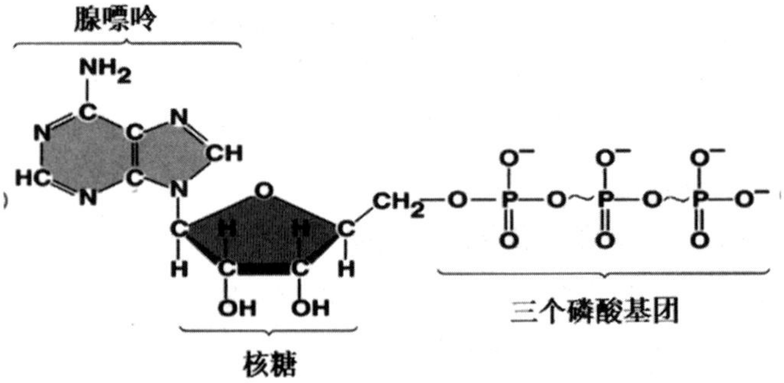

1. 根据 ATP 的结构式分析腺苷一磷酸与腺嘌呤核糖核苷酸在结构组成上有何联系？

2.ATP 的中文名为 腺苷三磷酸 ，结构简式为 A—P~P~P ，其元素组成为 C、H、O、N、P 。

3. ATP 中“A”代表 腺苷 ，“P”代表 磷酸基团 ，“—”表示 普通化学键 ，“~”表示 特殊化学键 ，一分子 ATP 中含“~” 两个。

“学”：学生观察分析、思考讨论完成结构 ATP 结构模型的问题。

1. 运用下方“构件”，可组装几个 ATP 分子？

2. 运用下方“构件”，可组装几个 ADP 分子？

3. 运用下方“构件”，可组装几个 AMP 分子？

4. 运用下图中的“构件”，分别组装出一个 ATP 分子和一个 ADP 分子（学生现场模拟）

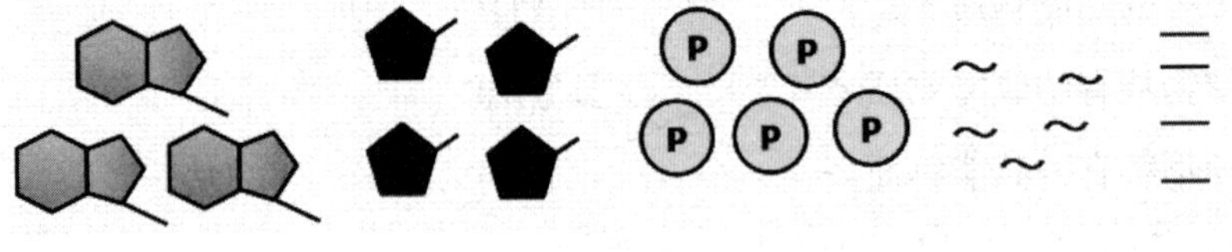

“评”：学生通过 ATP 结构模型构建，能够容易发现 ATP 的结构特点。

“自我评价”：

1. 一分子 ATP 中含有的腺苷、磷酸基团和特殊化学键数目依次是（ C ）

A. 1，2，2　　B. 1，2，1　　C. 1，3，2　　D. 2，3，1

2. 下列有关 ATP 结构与功能的叙述中，正确的是（ A ）

A．ATP 中含有 C、H、O、N、P 元素

B．ATP 分子脱去两个磷酸基团以后的剩余部分就成为 DNA 的基本组成单位中的一种

C．ATP 中的第二个磷酸基团很容易从 ATP 脱离释放能量

D．ATP 分子中所有化学键都储存着大量的能量，所以被称为高能磷酸化合物

学习内容 3　ATP 与 ADP 的相互转化

“教”：请同学们阅读资料——ATP 的供能机制。

资料：高能化合物（如高能磷酸化合物 ATP 等）都含有特定的容易被水解的键型（式中都以“～”表示）。ATP 中的“～”是一种特殊的化学键，该化学键较不稳定。造成该化学键不稳定的重要因素是磷酸基团之间相邻的负电荷之间相互排斥。从而促使 ATP 的磷酸基团易于水解。当 ATP 的末端磷酸基团脱下后，形成 ADP 与 Pi。ADP 与 Pi 比 ATP 更加稳定。

“学”：根据资料尝试构建 ATP 水解合成的模型并简述 ATP 是如何为萤火虫发光供能的。

1.ATP 的供能机制

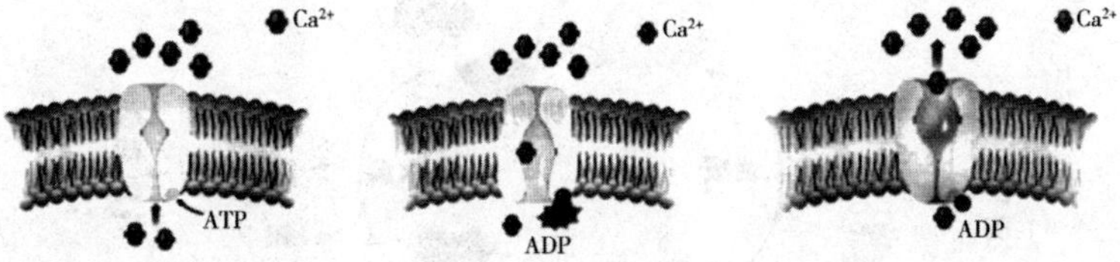

结合上图阅读资料①：Ca^{2+} 主动运输过程

参与 Ca^{2+} 主动运输的载体蛋白是一种能催化 ATP 水解的酶，当膜内侧的 Ca^{2+} 与其他相应位点结合时，其酶活性即被激活了。在载体蛋白这种酶的作用下，ATP 分子的末端磷酸基团脱离下来与载体蛋白结合，这一过程伴随着能量的转移，这就是载体蛋白的磷酸化。载体蛋白磷酸化导致其空间结构发生变化，使 Ca^{2+} 的结合位点转向膜外侧，将 Ca^{2+} 释放到膜外。

2.ATP 的生成

资料②：一个人在剧烈运动状态下，每分钟约有0.5kg 的 ATP 分解释放能量，供运动所需。一个成年人在安静的状态下，24h 内竟有40kg 的 ATP 被水解。

资料③：肌肉收缩的直接能源物质是 ATP。人体 ATP 的总量只有0.05kg，通常情况下，每千克肌肉中 ATP 的量不超过5.1g，仅能维持2 ~ 5s 的剧烈收缩。这说明 ATP 需求量大，含量少。

资料④：细胞培养液中加入 ^{32}p 标记的磷酸后，在短时间内快速分离出 ATP，发现 ATP 的总量变化不大，但是大部分 ATP 末端磷酸基团却已经带上了 ^{32}p 标记。

资料⑤：ATP 是怎样合成的？回答这个问题，首先要确定 ATP 合成酶的结构。1937年，丹麦的卡尔卡发现 ATP 合成酶与细胞呼吸有关，说明细胞呼吸、糖的氧化等与产生 ATP 有关。

资料⑥：植物在光照条件下，叶绿体能合成 ATP，也能制造糖类；在无光情况下，叶绿体不能合成 ATP，也不能制造糖类。

“评”：学生通过模型建构，能够理解 ATP 为细胞生命活动的供能机制和萤火虫发光的机理。

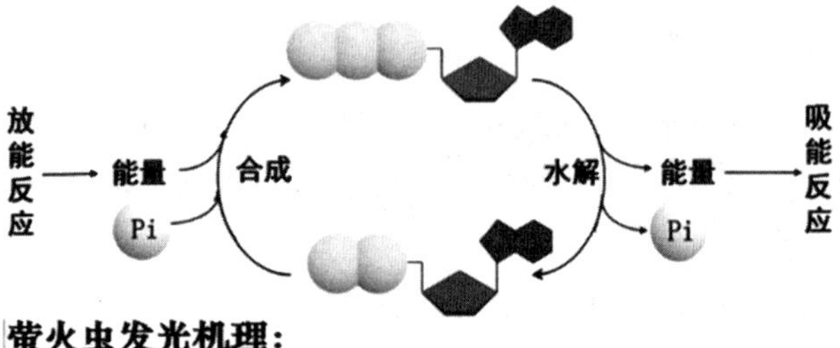

萤火虫发光机理：

$$\text{荧光素} \xrightarrow[\text{ATP水解}]{\text{荧光素酶、}Mg^{2+}\text{、}O_2} \text{氧化荧光素（发出荧光）}$$

“自我评价”：

1. ADP 转变为 ATP 需要（ D ）

A. 磷酸、腺苷、能量、酶　　　　B. 磷酸、腺苷、能量

C．腺苷、能量、酶　　　　　　　　D．磷酸、能量、酶

2．对于反应式：$ATP \underset{酶2}{\overset{酶1}{\rightleftharpoons}} ADP+Pi+能量$，以下提法正确的是（ A ）

A．物质是可逆的，能量是不可逆的 B．物质和能量都是可逆的

C．物质和能量都是不可逆的　　　D．物质是不可逆的，能量是可逆的

学习内容 4　细胞内的吸能反应和放能反应与 ATP 的联系

“教”：指导学生阅读教材 P89 关于吸能反应和放能反应的含义并将其与细胞内 ATP 的水解和合成相关联进行类比推理和实例教学。

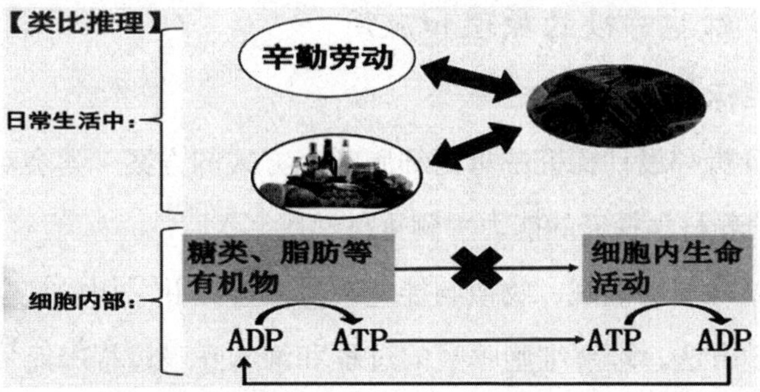

“学”：细胞内合成 ATP 的能量来自糖类、脂肪等有机物分解的放能反应。

细胞内水解 ATP 产生的能量用于细胞内各项生命活动的吸能反应。包括：细胞分裂、肌肉收缩、发光、放电、渗透能等。

“评”：利用习题巩固学生对吸能反应和放能反应概念的理解和掌握。

“自我评价”：

如图是生物体内 ATP 合成与分解示意图，下列叙述正确的是（　　）

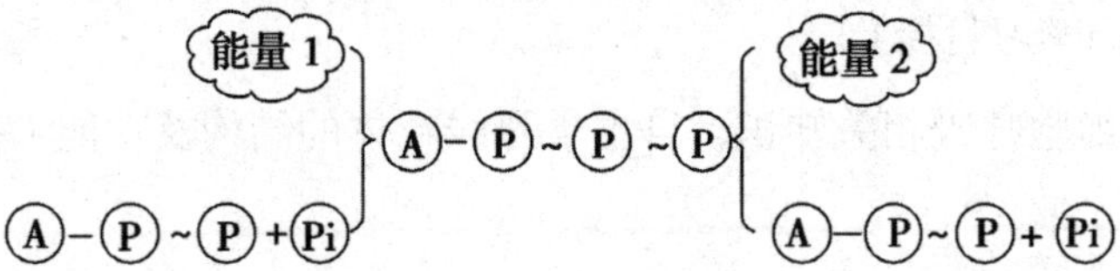

A．能量 1 可以来自蔗糖的合成　　B．能量 1 可以来自蛋白质水解

C．能量 2 可以用于有机物分解　　D．能量 2 可以用于吸能反应

【知识建构】

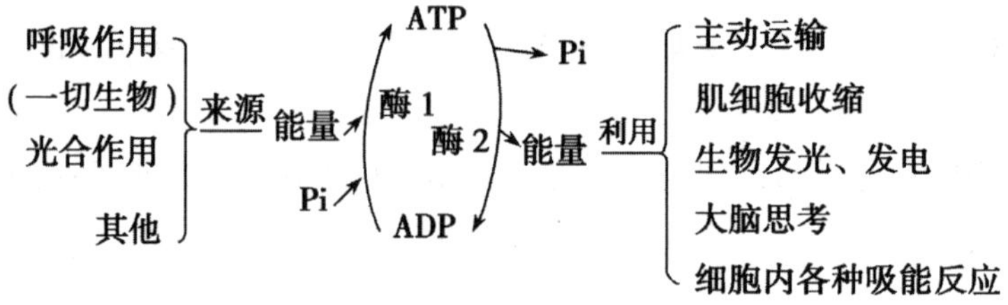

编写：江苏省口岸中学　朱小碗

修订：江苏省华罗庚中学　王景花

课题4　细胞呼吸的原理和应用

【学习目标】

1. 通过分析和设计探究酵母菌细胞呼吸方式的方案，学会对比实验中的控制变量，培养科学探究的能力（侧重科学探究）

2. 运用结构与功能观、物质与能量观等观念，并采用模型与建模、归纳与概括的科学方法，理解细胞呼吸的过程和细胞呼吸过程中能量与物质的转化（侧重科学思维）

3. 通过分析细胞呼吸原理在生产和生活中的应用，渗透生命活动不断发展变化以及适应的特性，学会用发展变化的观点，认识生命（侧重生命观念）

【评价任务】

1. 合作学习酵母菌的生物类型、代谢类型，以及 CO_2 和酒精的检测方法（指向学习目标1）

2. 根据探究实验的一般步骤，自主设计探究酵母菌细胞呼吸的方式探究步骤（达指向学习目标1）

3. 根据细胞呼吸相关知识，自主学习线粒体的结构及功能（指向学习目标2）

4. 分析三份有氧呼吸相关资料，合作探究有氧呼吸过程和物质、能量转化（指向学习目标2）

5. 结合生活中的实例，分析归纳总结无氧呼吸过程（指向学习目标2）

6. 分析细胞呼吸原理，自我构建影响细胞呼吸的因素和应用（指向学习目标3）

【学习经历】

学习内容1 了解酵母菌

教学经历1

“教”：教师引导学生从做面包、酿酒等生活实际入手，观察酵母菌图片，了解酵母菌的生物类型、代谢类型。

“学”：学生通过合作探究和小组讨论，了解酵母菌细胞呼吸方式，并掌握 CO_2 和酒精的检测方法。

“评”：通过分组学习，学生能够掌握酵母菌的生物类型和代谢类型，并知道如何检测 CO_2 和酒精。

“自我评价”：完成下表物质检测的试剂和现象。

物质	检测试剂	现象
CO_2	澄清石灰水	变浑浊
	溴麝香草酚蓝水溶液	由蓝变绿再变黄
酒精	酸性条件下的重铬酸钾	变灰绿色

学习内容2 实验探究酵母菌细胞呼吸的方式

教学经历2

“教”：教师设计问题串：酵母菌产生酒精在有氧条件还是无氧条件下？

酵母菌在有氧和无氧条件下是否都能产生 CO_2？产生的 CO_2 是否一样多？引导学生进行实验操作并完成学案。

在实验设计中要注意指导学生保证酵母菌在整个过程中能正常生活，控制好酵母菌生活的有氧和无氧环境，及各组的产物及检测。

“学”：学生根据已有的知识和生活经验，针对提出问题作出假设，设计实验。以小组为单位，合作研讨并评价各自设计的实验装置，确定一个最佳方案。以小组为单位依据改进后的实验装置和方案将实验器材连接起来，进行实验。

“评”：经过分组实验探究，学生根据探究实验的一般步骤，自主设计探究酵母菌细胞呼吸的方式探究步骤，并了解酵母菌在有氧和无氧条件下都能进行细胞呼吸。在有氧条件下产生CO_2多而快，在无氧条件下产生酒精，还产生少量CO_2。

“自我评价”：

1. 用下图的字母编号设计实验装置图

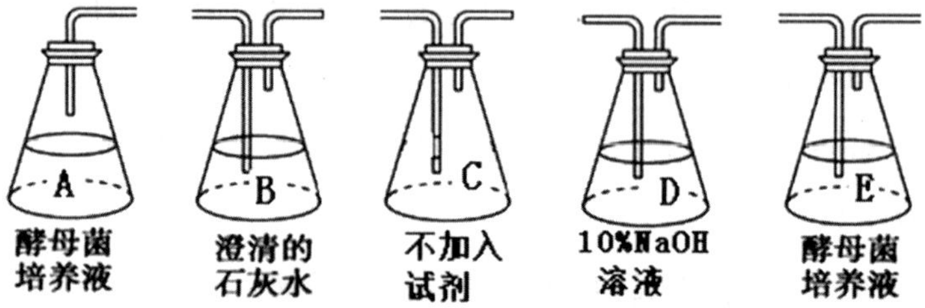

① 设置有氧条件装置的是<u>DEB</u>。（用图中的字母作答）

② 设置无氧条件装置的是<u>AB</u>。（用图中的字母作答）

2. 如何确定有氧装置外界空气的二氧化碳已经被10%的NaOH溶液吸收干净？

3. 有人认为：实验装置中酒精和二氧化碳的产生是葡萄糖水溶液的纯化学反应，与酵母菌无关，你如何驳斥这种错误观点？

学习内容3　线粒体的结构及功能

教学经历3

“教”：教师设计一系列真实实验情境，组织学生进行分组探究活动。

探究活动一：有氧呼吸第一阶段

将酵母菌研磨碎，取一部分匀浆离心，取上清液（含细胞质基质）加入甲试管，沉淀物（含线粒体）加入乙试管，再取一部分未离心的匀浆（含细胞质基质和线粒体）加入丙试管。

实验一：

1. 在盛有细胞质基质的试管中加入葡萄糖和氧气，有丙酮酸生成。

2. 在盛有线粒体的试管中加入葡萄糖和氧气，无反应；而加入丙酮酸和氧气，则生成二氧化碳和水。

3. 在盛有匀浆的试管中加入葡萄糖和氧气，生成了二氧化碳和水。

实验二：在这个实验的试管中再加入蓝色染色剂二氯酚靛酚，二氯酚靛酚被还原而褪色。

实验三：向试管中加入遇 ATP 能发光的萤火虫荧光剂，荧光剂发弱光。

探究活动二：有氧呼吸第二阶段

实验四：

1. 向盛有线粒体的试管中加入带放射性标记的水和不带放射性标记的氧气和丙酮酸，生成了带放射性标记的二氧化碳。

2. 向盛有线粒体的试管中加入带放射性标记的丙酮酸和不带放射性标记的氧气和水，也生成了带放射性标记的二氧化碳。

3. 向盛有线粒体的试管中加入带放射性标记的氧气和不带放射性标记的丙酮酸和水，生成的二氧化碳不带放射性标记。

4. 向盛有线粒体的试管中加入氧气、丙酮酸和水，以及二氯酚靛酚和荧光剂，结果二氯酚靛酚褪色，荧光剂发弱光。

探究活动三：有氧呼吸第三阶段

实验五：

1. 向盛有细胞质基质的试管中加入葡萄糖和带放射性标记的氧气，生成的丙酮酸不带放射性标记。

2. 向盛有线粒体的试管中加入丙酮酸和带放射性标记的氧气，并加入荧光剂，生成二氧化碳和带标记的水，并且荧光剂发出较强的光。

“学”：学生在每阶段探究活动中，分组讨论，回答以下问题。

探究活动一：小组讨论回答

有氧呼吸是一步完成的吗？场所唯一吗？有氧呼吸的开始阶段是在哪里进行的？可以初步判断反应物和生成物吗？有氧呼吸第一阶段除了生成这些物质之外，还生成了哪些物质？

2. 探究活动二：小组讨论回答

这一阶段的反应场所是哪里？反应物、生成物分别是什么？此阶段的反应物和生成物分别有哪些？

3. 探究活动三：小组讨论回答

这一阶段的反应场所是哪里？反应物、生成物分别是什么？此阶段的反应物和生成物分别有哪些？

“评”：本阶段根据细胞呼吸相关知识，引导学生自主学习线粒体的结构及功能，了解有氧呼吸三阶段的过程。

“自我评价”：

1. 与有氧呼吸有关的酶在图中的________________________有分布。

2. 判断：有氧呼吸的生物的细胞中一定有线粒体。(　　)

3. 没有线粒体的哺乳动物成熟的红细胞进行______。

学习内容 4　有氧呼吸过程和物质、能量转化

教学经历 4

“教”：教师提供以下三份资料，学生阅读并根据问题引领自主探究。

资料一：分离酵母菌的不同结构，分别加入相同浓度的葡萄糖溶液，在其他条件均适宜的条件下，发现细胞质基质和细胞匀浆组中，葡萄糖（$C_6H_{12}O_6$）减少的同时，丙酮酸（$C_3H_4O_3$）含量增加，而线粒体组中的葡萄糖（$C_6H_{12}O_6$）不变。

A 组	B 组	C 组
细胞质基质	线粒体	细胞匀浆 （细胞质基质和线粒体）
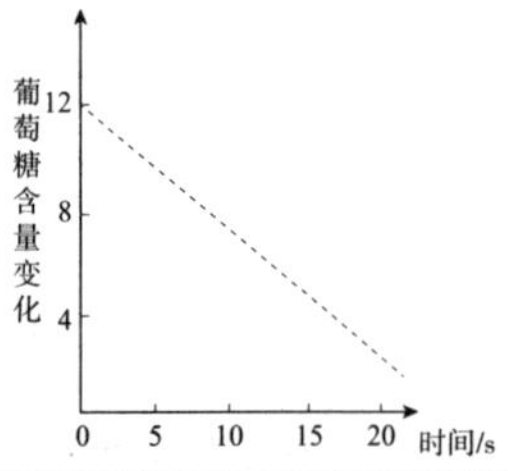	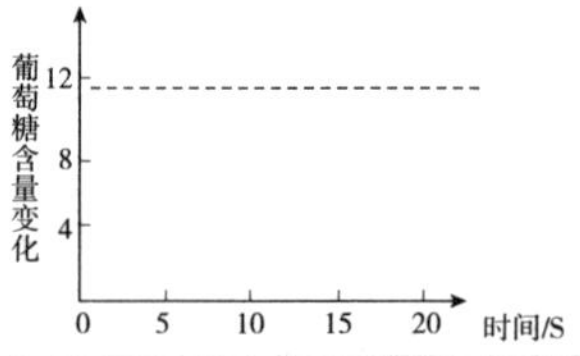	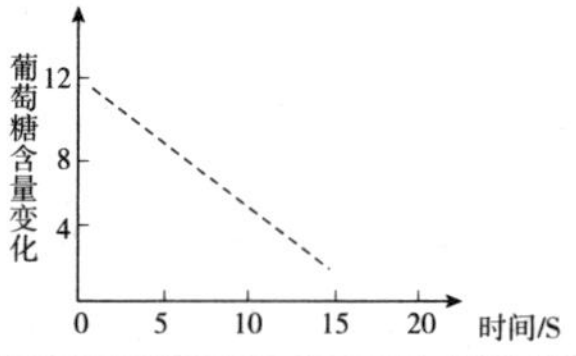

资料二：科学家改进实验，将检测指标改为氧气的消耗量，加入物质为丙酮酸时，发现细胞质基质组溶解氧的含量不变，而线粒体组和细胞匀浆组溶解氧下降。

资料三：能量可使荧光素发光，发光的强弱与能量的多少有关。在上述实验装置中加入荧光素等物质，结果如表所示。

加入物质	线粒体组	细胞质基质组	匀浆组
葡萄糖	无荧光	较弱荧光	较强荧光
丙酮酸	较强荧光	无荧光	较强荧光

“学”：学生思考并回答以下问题。

（1）阅读分析资料一：葡萄糖分解的场所是__________，分解后的产物是__________。

（2）阅读分析资料二：消耗氧气的场所是__________。

（3）阅读分析资料三：产生能量较多的场所是__________，产生能量较少的场所是__________。

（4）综合分析材料一、二、三，写出有氧呼吸三个阶段的反应式（不需配平，不会化学式的可用文字代替，生物学反应式通常写上能量）。

①第一阶段：______________________________。

②第二阶段：______________________________。

③第三阶段：______________________________。

（5）写出有氧呼吸三个阶段的场所产物和反应物。

（6）写出有氧呼吸的总反应式：____________________。

（7）总结：有氧呼吸的三个阶段都有 [H] 生成吗？有氧呼吸的三个阶段的共同点是什么？ O_2是在第几阶段参与反应的？ H_2O 与 CO_2分别是在第几阶段产生的？三个阶段产生的能量一样多吗？能量的去向是怎样的？葡萄糖能否进入线粒体参与有氧呼吸？

“评”：本阶段通过模型与建模、归纳与概括的科学方法，学生能够自主构建并阐述细胞呼吸的过程和细胞呼吸过程中能量与物质的转化。

“自我评价”：

下图为真核细胞内葡萄糖彻底氧化分解的基本过程，其中 A、B、C 等表示物质或能量，①②③④表示过程或场所，请据图回答下列问题。

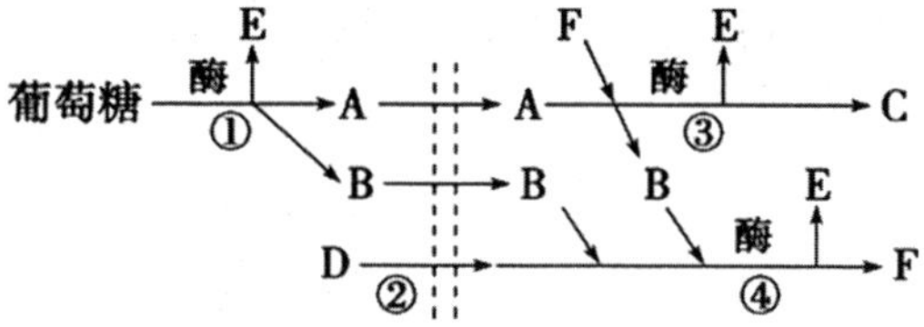

（1）图中的 A 是__________，C 是__________，E 是__________。

（2）过程④发生在__________，过程③发生在__________；能产生 [H] 的过程是__________（填序号），[H] 被利用的过程是__________（填序号）。

（3）产物水中的氢来自__________物质；若给细胞供应 $^{18}O_2$，经过较长一段时间后，含有 ^{18}O 的物质是__________（填字母）。

学习内容 5　无氧呼吸

教学经历 5

“教”：教师提供相关资料，要求学生尝试运用所学知识，解释以下现象。

现象1：长久较封闭放置的苹果，有时会有酒香味。

现象2：洪灾容易导致农田被淹，引发农作物死亡。

现象3：剧烈运动后，容易产生肌肉酸痛的现象。

“学”：学生结合生活中实例解释无氧呼吸现象及原理。回答以下两方面问题。

1. 思考哺乳动物的红细胞、蛔虫为什么不能进行有氧呼吸？无氧呼吸的场所是什么？无氧呼吸的产物是什么？为什么无氧呼吸只释放出少量的能量？

2. 归纳无氧呼吸过程。

（1）条件和场所

阶段 比较	场所	反应物	产物	是否产能及能多少
第一阶段				
第二阶段				

（2）写出无氧呼吸的反应式

①产生乳酸的反应式：______________________________。缺氧时产生乳酸的细胞常见的有乳酸菌、动物和人的细胞、马铃薯块茎、甜菜的根、玉米的胚。

②产生酒精的反应式：______________________________。缺氧时产生乙醇的细胞有酵母菌、多数植物细胞等。

“评”：通过结合生活中的实例，学生可分析归纳总结无氧呼吸过程，明白其原理。

“自我评价”：水稻被水淹时进行无氧呼吸，其产物是 （ B ）

A．二氧化碳和水　　　　　　B．二氧化碳和酒精

C．二氧化碳和乳酸　　　　　D．乳酸和酒精

学习内容 6　细胞呼吸原理在生产和生活中的应用

教学经历 6

“教”：教师指导同学们谈谈生活中关于细胞呼吸原理的实例，并结合教材的“思考讨论”，分析这些生产生活实例中蕴含的细胞呼吸原理，并注意引导学生思考以下几点。

（1）无论是有氧呼吸还是无氧呼吸，本质都是分解有机物，释放能量。释放出来的能量，一部分转变为热能而散失，另一部分储存在 ATP 中。当 ATP 在酶的作用下分析时就把储存的能量释放出来，用于生物体的各项生命活动。提示学生联系本章第二节《新陈代谢与 ATP》中 ATP 与 ADP 的转化过程的知识。

（2）在呼吸过程中所产生的一些中间产物，可以成为合成体内一些重要化合物的原料。

“学”：学生思考并讨论影响细胞呼吸的因素有哪些？细胞呼吸原理在发酵技术、农业生产、粮食储藏和果蔬保、医学上有什么应用？

“评”：结合生活生产实际，学生可以理解细胞呼吸的中间产物是各种有机物之间转化的枢纽，细胞呼吸原理在生产实践中有广泛的应用。细胞呼吸为生物体的生命活动提供能量，为生物体其他化合物合成提供原料。

"自我评价"：

细胞呼吸原理的应用实例（先连线，然后每人选两个实例进行简单概述）。

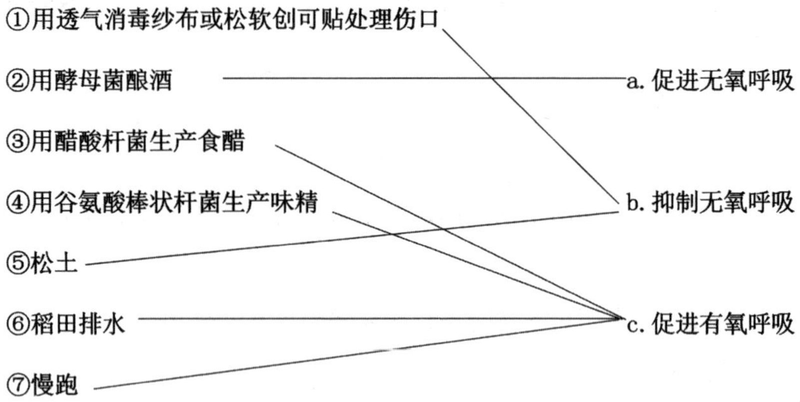

【知识建构】

填图完成细胞呼吸的相关内容。

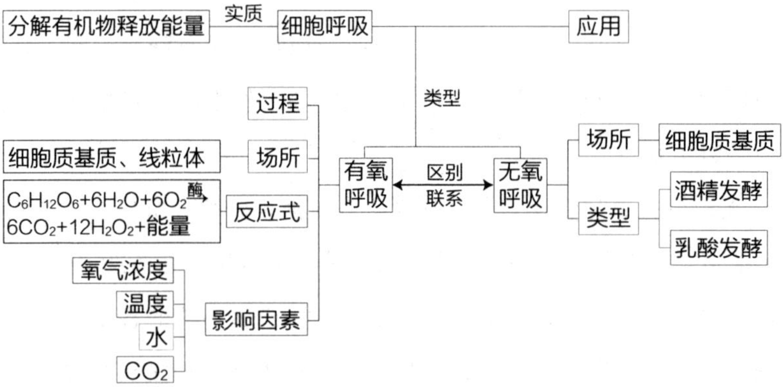

编写：江苏省大港中学 卢仕俊

修订：南京市第二十九中学 丁丽娟

课题5 光合作用的原理和应用

【学习目标】

1. 探索光合作用发现的历程，认同科学是在不断的观察、实验、探索中前进的，发展科学思维，形成勇于实践的科学精神与态度

2. 结合教材构建光合作用过程的模型，归纳光合作用的过程，形成结构与功能观以及物质与能量观

3. 按科学探究的要求，小组之间交流学习并描述光反应与暗反应的具体变化

4. 认同绿色植物进行光合作用对于人类的生存和地球的生态具有重要意义，关注光合作用的原理在农业生产上的应用，培养社会责任

5. 引导学生举例说明化能合成作用

【评价任务】

1. 感受科学家的探究历程，体验科学家的探究方法和思想（达成学习目标1）

2. 建构光合作用过程模型，化抽象为具体，探究 CO_2 和 H_2O 是怎么合成有机物的？光能是如何转变成有机物中的能量的？叶绿体各部分在光合作用中起什么作用（达成学习目标2）

3. 结合制作模型，小组进行讲解。学生互查互纠，共同进步（达成学习目标3）

4. 从生活出发，关注光合作用原理在农业生产上的应用（达成学习目标4）

5. 介绍化能合成作用（达成学习目标5）

【教学经历】

学习任务1 光合作用的探究历程

教学经历1

你认为最伟大的魔术是什么？居里夫人说过，光合作用是最伟大的魔术。让我们一起来学习今天的新课——光合作用的原理和应用。光合作用真是一场伟大的魔术，它是怎么将阳光、绿叶、水、二氧化碳等这些本来毫无关系的东西联系起来的呢？这一切就发生在魔术城堡——叶绿体里。

"教"：展示自制的叶绿体结构模型。

"学"：回顾一下叶绿体的结构。

"评"：学生能说出叶绿体的结构特点。

“自我评价”：请画出叶绿体的结构示意图。

教学经历 2

“教”：展示科学史情境。

（1）1648年比利时医生海尔蒙特的柳树实验。将一株2.3kg的柳树苗种在90.8kg的干土中，只用纯净的雨水浇灌，5年后柳树的质量增加了80kg多，而土壤减少了不到100g。

（2）1771年普利斯特利的实验。

图片展示：点燃的蜡烛与绿色植物，密闭，蜡烛不熄灭。

小鼠与绿色植物，密闭，小鼠不易窒息。

该实验的结论是什么？

（3）1779年英格豪斯的实验。

“学”：（1）海尔蒙特、普利斯特利、英格豪斯的结论是什么？

（2）普利斯特利的实验为什么在光下才能成功？

（3）为什么植物只有具有绿叶才能更新空气？

（4）植物吸收了空气中的什么气体？放出的气体是什么？

（5）在这个过程中光能转变成了什么能？

“评”：通过多媒体课件展示，学生能够直观地感受科学家的探究历程，同时深刻体验科学家科学的探究方法和思想，即发现问题—做出假设—实验验证—分析得出结论的探究思路。通过经典实验，进一步理解实验设计中的实验变量、实验遵循的原则。

“自我评价”：

年份	科学家	结论
1771	普利斯特利	
1779	英格豪斯	

教学经历 3

“教”：直到1785年人们才明确绿叶在光下放出氧气，吸收二氧化碳。1845年，梅耶根据能量转换和守恒定律指出，植物在进行光合作用时把光能转换成化学能储存起来。（那么光能变成化学能储存于什么物质呢？吸收的二氧化碳转变成了什么物质？）用多媒体展示萨克斯的实验过程。

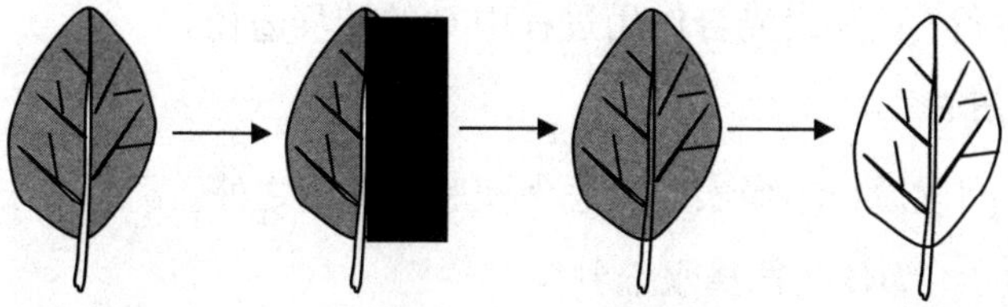

“学”：

（1）将叶片置于暗处48h的目的是什么？

（2）脱色的目的是什么？为什么要用酒精？

“评”：通过观察图像或动画增加学生的感性认识，有利于学生掌握光合作用的过程，培养学生的观察能力和将图像转化成文字语言的能力。

“自我评价”：归纳本实验的设计及结论。

教学经历4

光合作用的原料有水和二氧化碳，那么光合作用释放的氧气来自水还是二氧化碳？

“教”：1939年鲁宾和卡门用放射性同位素示踪法证明这一问题。

A：向植物提供 H_2O 和 $C^{18}O_2$　B：向植物提供 $H_2^{18}O$ 和 CO_2

分别测量A、B二组中获得的 O_2 的分子质量。

“学”：（1）用 ^{18}O 标记什么物质？

（2）该实验的结论是什么？

“评”：通过同位素标记法的学习，了解光合作用中O的转变过程。

“自我评价”：A、B二组中获得的 O_2 的分子质量之比是多少？

教学经历5

（用 ^{14}C 标记的 CO_2 供小球藻实验，追踪检测其放射性。探明 CO_2 中的C的转移途径。）

“教”：请学生设计实验探究C的转移途径。

“学”：CO_2中的C的去向是怎样的？

“评”：通过同位素标记法的学习，了解光合作用中C的转变过程。

“自我评价”：写出光合作用过程中C的转移途径。

教学经历6

“教”：阅读恩格尔曼实验，思考实验的巧妙之处。

“学”：（1）为什么选择水绵？

（2）选用黑暗并且没有空气的环境，目的是什么？

“评”：通过理解恩格尔曼实验的巧妙之处，理解对照实验的设计原则。

“自我评价”：

（1）归纳对照实验是如何设计的？

（2）简要了解每位科学家的研究方法，并完成表格。

年份	科学家	结论
1864	萨克斯	
1939	鲁宾、卡门	
1946	卡尔文	

学习任务2　光合作用的过程

教学经历7

“教”：根据光合作用的发现史构建光合作用的模型。（为了解决这些问题，我们需要同学们小组合作，结合教材，构建光合作用过程的模型。材料是叶绿体结构示意图和代表各种物质的卡片。大家需要把卡片贴在相应的位置。并且要组织语言说出对光合作用过程的认识，稍后，每个组要选一个“魔术大使”作为解说员，到其他组去讲解。活动时间为5min。）

“学”：结合图解，从场所、条件、物质变化、能量变化四个方面总结光合作用过程。

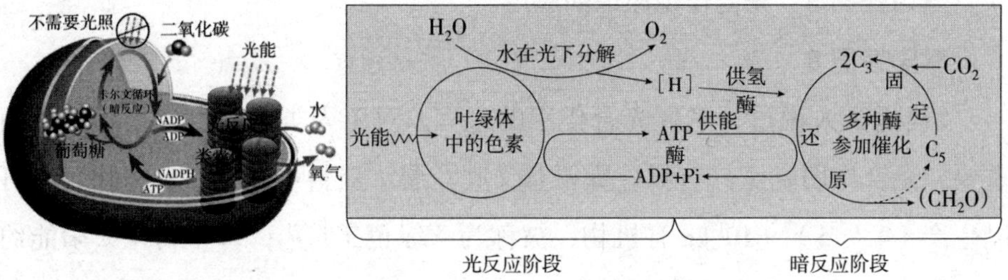

（1）光合作用分成哪两个阶段？

（2）每个阶段的场所、物质变化及能量变化是怎样的？

“评”：请各小组派出“魔术大使”到相邻小组展示模型图，并讲解自己对光合作用过程的认识。时间为3min。讲解完以后回到座位上。请每个组秉承“公平公正”的原则，给“魔术大使”的小组评分。PPT上展示着老师构建的模型，以供大家对照。模型图构建准确、语言描述清楚的得3分，其中一项不够准确的得2分，两项都不太准确的可得1分。接下来请每个小组的评分员给“魔术大使”的小组评分。

“自我评价”：

（1）填表比较光反应和暗反应过程。

	光反应	暗反应
进行部位		
条件		
物质变化		
产物		
能量变化		
联系		

（2）写出总反应式。

（3）分析各元素的来源和去路。

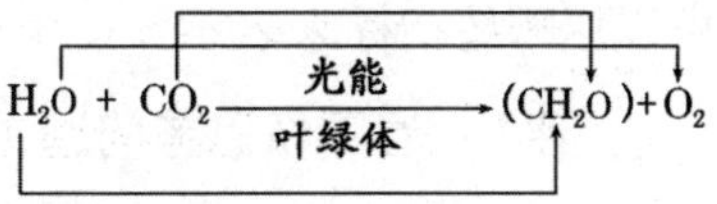

学习任务 3　光合作用原理的应用

教学经历 8

（居里夫人说过，掌握光合作用的过程，对于人类来说，比得到核能还重要。光合作用究竟具有哪些重要意义呢？展示资料：全球自养植物每年可以生产（4 ~ 5）$\times 10^{14}$kg 有机物，被称为“绿色工厂”；每年转化太阳能约 3×10^{21}J，被称为“巨型能量转化站”；每年释放氧气约 5.35×10^{14}kg，被称为“自动空气净化器”。从这些数据我们看出，光合作用对于人类的生存和地球的生态都是至关重要的，所以我们要保护植物，爱护身边的一花一草，守护我们赖以生存的家园，守护好这一片宝贵的青山绿水！）

“教”：分析图像，理解光照强度对光合作用的影响。

（1）原理：光照强度通过影响植物的光反应进而影响光合速率。光照强度增加，光反应速率加快，产生的 [H] 和 ATP 增多，使暗反应中的还原过程加快，从而使光合作用产物增加。

（2）小组合作、曲线分析：

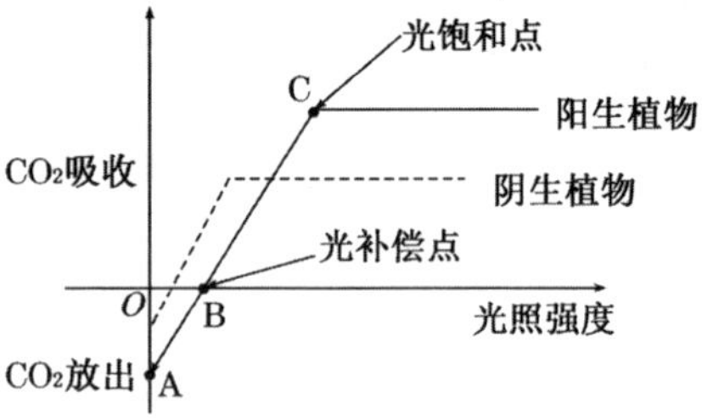

“学”：（1）A 点、AB 段（不含 A 点和 B 点）、B 点以后细胞生理活动、ATP 产生场所、植物组织外观表现是怎样的？

（2）正常情况下，植物可以长期在光补偿点下生存吗？为什么？

（3）比较阴生植物和阳生植物。

（4）实际光合速率、表观光合速率以及呼吸速率如何测定，有何关系，可以用哪些指标来表示？

“评”：看图像思考问题，提炼信息，回答问题。从生活出发，增加知识的实用性，增强学生社会责任意识，关注光合作用原理在农业生产上的应用。

“自我评价”：某同学从植物中分离得到有活性的叶绿体悬浮液。在提供

必要的物质和适宜温度条件下，测得单位时间内氧气释放量与光照强度的关系如图。下列叙述错误的是（　　）

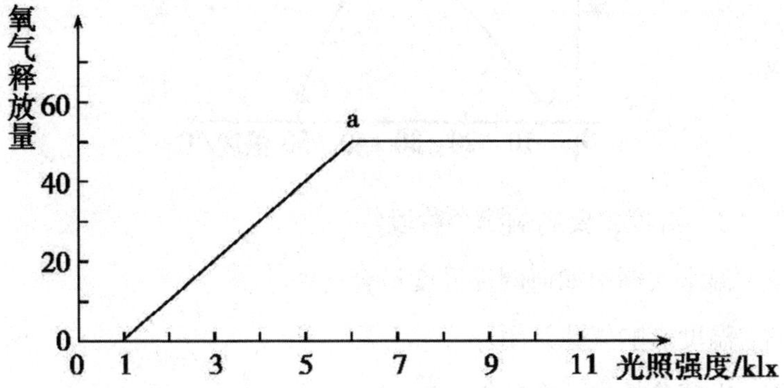

A. 悬浮液能同时进行光合作用和呼吸作用，且两者速度相等

B. 光照强度在1~6klx时，光合作用强度随着光照强度的增加而不断增强

C. 光照强度在6klx时，限制光合作用的内因有色素含量、酶含量等

D. 如果增加叶绿体悬浮液中叶绿体的数量，a点可能向右上方移动

教学经历 9

“教”：小组合作分析图像，理解 CO_2 浓度对光合作用的影响

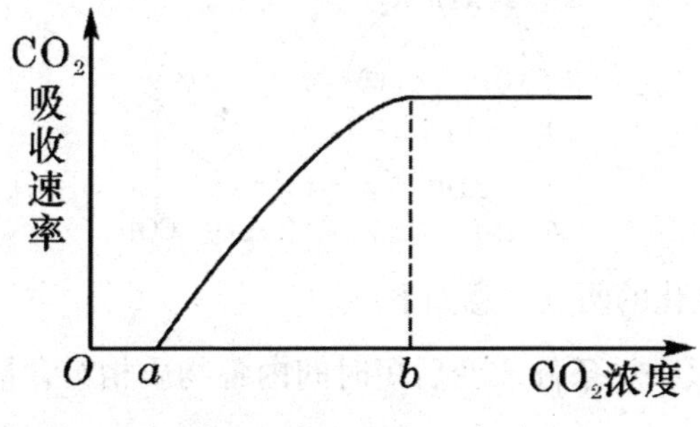

“学”：描述图像，并分析饱和的原因。

“评”：提高分析坐标图的能力。

“自我评价”：生产生活中有哪些措施可以提高 CO_2 浓度。

教学经历 10

“教”：尝试绘制温度对光合作用的影响图。

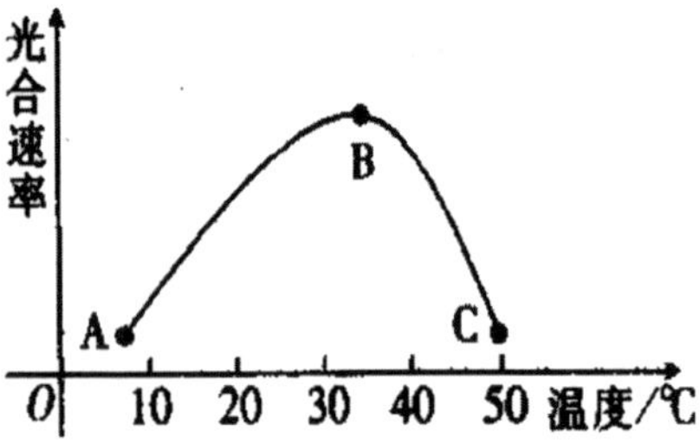

“学”:（1）温度主要影响哪个阶段?

（2）温室大棚中如何调控温度最合适?

（3）温度影响气孔开闭。

“评”：提高分析坐标图的能力。

“自我评价”：分析某些地区，炎热夏季正午光合速率下降的原因。

学习任务 4　过程法分析 C_3 和 C_5 等物质含量变化

教学经历 11

“教”：结合下图分析，当外界条件改变时，光合作用中 C_3、C_5 及 ATP 和 ADP 含量变化。

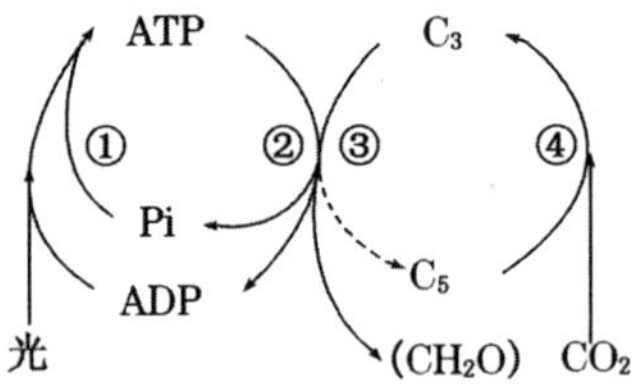

C_3、C_5 含量变化的两点注意如下。

①以上分析只表示条件改变后短时间内各物质相对含量的变化，而非长时间。

②以上各物质变化中，C_3 和 C_5 含量的变化是相反的，[H] 和 ATP 的含量变化是一致的。

“学”：合作交流，完成表格。

	ATP 和［H］	三碳化合物	五碳化合物	糖类
突然停止光照	下降	上升	下降	下降
突然增加光照	上升	下降	上升	上升
突然停止 CO_2 供应	上升	下降	上升	下降
突然增加 CO_2 供应	下降	上升	下降	上升

“评”：小组讨论，完成表格。锻炼思考分析问题的能力。

“自我评价”：光照停止，ATP________，ADP________，C_3________，C_5______：停止 CO_2 供应，C_5______，C_3______，ATP______，ADP______。

学习任务 5　化能合成作用

教学经历 12

（自然界中，有些生物能够把无机物转化成有机物，这种生物叫作自养生物，通过光能自养的生物主要有蓝藻和绿色植物。今天我们来学习利用化能自养的生物，如硝化细菌。它将土壤中的氨氧化成亚硝酸，再将亚硝酸氧化成硝酸，利用这两个反应中释放的化学能，将二氧化碳和水合成糖类，因为利用的是化学能，所以叫作化能合成。）

“教”：结合下列反应式，得出化能合成作用的概念。

$$NH_3+O_2 \xrightarrow{\text{硝化细菌}} HNO_2+H_2O+\text{能量}$$

$$HNO_2+O_2 \xrightarrow{\text{硝化细菌}} HNO_3+\text{能量}$$

$$CO_2+H_2O \xrightarrow{\text{能量}} (CH_2O)+O_2$$

“学”：学习新知。

“评”：描述化能合成过程，加深学生的印象。

“自我评价”：硝化细菌的化能合成作用与绿色植物光合作用的相同点是________________，不同点是________________。

【知识建构】

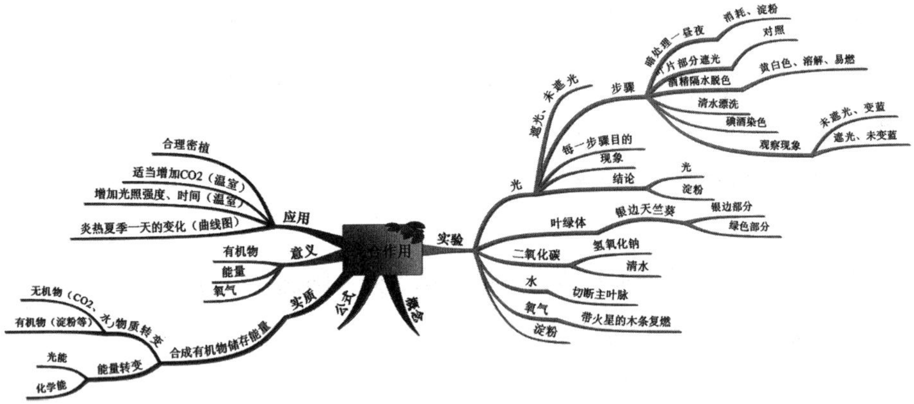

编写：江苏省盱眙中学　庞 超

修订：常州市第二中学　吴 宁

专题6　细胞的生命历程

课题1　细胞的增殖

【学习目标】

1. 通过分析生命活动与细胞增殖的关系，认同细胞增殖是生物体生长、发育、繁殖、遗传的基础（科学思维）

2. 通过分析资料和构建模型，概述细胞有丝分裂各时期的主要特征，明确细胞周期的概念（科学探究、科学思维）

3. 通过识图比较动植物细胞有丝分裂的异同点，阐明有丝分裂对保证亲子代遗传物质稳定的意义（科学思维、生命观念）

【评价任务】

1. 观看单细胞动物和多细胞动物细胞分裂视频（指向学习目标1）

2. 测量并计算琼脂块表面积与体积之比，列表比较并进行分析（指向学习目标1）

3. 阅读资料，总结细胞周期的概念，观察细胞内的结构，明确染色体、

DNA和染色单体的计数方法（指向学习目标2）

4. 构建分裂期各阶段模型，列表比较并讲解各时期特点（指向学习目标2）

5. 总结染色体及DNA数目的变化规律，分析有丝分裂的意义（指向学习目标2）

6. 观看视频，阅读资料，明确细胞增殖的重要性（指向学习目标3）

【教学经历】

学习内容1 细胞增殖

教学经历1

“教”：播放介绍单细胞生物和多细胞生物细胞增殖的视频，要求学生比较细胞增殖对两种生物进行生命活动的意义。

“学”：学生观看视频，思考讨论问题。

（1）单细胞为什么不能无限长大？

（2）多细胞生物依靠什么方式进行生长？

（3）什么是细胞增殖？

（4）细胞增殖对多细胞生物的意义是什么？

“评”：学生通过观看视频，不难理解单细胞生物依靠细胞生长来实现生物体生长，通过细胞增殖而繁衍。多细胞生物必须依靠细胞增殖来实现生物体生长。细胞增殖是生物体生长、繁育、繁殖、遗传的基础。

“自我评价”：

细胞不能无限长大的原因不包括（ ）

A. 细胞体积越大，物质运输的效率越低

B. 细胞表面积与体积的关系限制了细胞的长大

C. 如果细胞太大，细胞核的负担就会过重

D. 细胞部分能无限长大，是受生物种类的影响

教学经历2

“教”：组织学生用不同大小的琼脂块模拟细胞，尝试测量并计算其表面积与体积之比。

“学”：学生通过测量并计算大小不同的琼脂快表面积与体积之比思考并讨论如下问题。

（1）细胞体积的大小与表面积之间有什么关系？

（2）限制细胞不能无限长大的原因是什么？

“评”：通过运用模型，学生可以作出解释——细胞越大，表面积与体积的比值越小，物质运输的效率就越低。并且作出推论，细胞不是越小越好。细胞太小，没有足够的空间，细胞就不能进行相应的生命活动，发挥出相应的生理功能。

“自我评价”：

下列有关细胞增殖的说法，不正确的是（　）

A. 单细胞生物通过细胞增殖增加个体

B. 多细胞生物通过细胞增殖发育为成体

C. 细胞增殖是生物体生长、发育、繁殖、遗传的基础

D. 细胞增殖包括物质准备和细胞分裂两个相连的过程

学习内容 2　细胞周期

教学经历 3

“教”：引导学生阅读补充材料1，了解放射性同位素和放射性同位素标记法。通过比较不同细胞的细胞周期持续时间，明确细胞增殖具有一定的周期性。

补充材料1：放射性同位素是一个原子核不稳定的原子，每个原子也有很多同位素，每组同位素的原子序虽然是相同，但却有不同的原子量，如果这原子是有放射性的话，它会被称为放射性同位素。如质量为20的氖和质量为22的氖。

利用放射性同位素不断地放出特征射线的核物理性质，就可以用核探测器随时追踪它在体内或体外的位置、数量及其转变等。科学家通过追踪示踪元素标记的化合物，可以弄清化学反应的详细过程。这种科学研究方法叫作同位素标记法。

细胞周期是20世纪50年代细胞学上的重大发现之一。在这之前人们认为有丝分裂期是细胞增殖周期中的主要阶段，而把处于分裂间期的细胞视为细

胞的静止阶段。1951年霍华德等用P–磷酸盐标记了蚕豆根尖细胞，通过放射自显影研究根尖细胞DNA合成的时间间隔，观察到P之掺入不是在有丝分裂期，而是在有丝分裂前的间期中的一段时间内。发现间期内有一个DNA合成期（S期），P只在这时才掺入DNA；S期和分裂期（M期）之间有一个间隙无P掺入，称为G2期，在M期和S期之间有另一个间隙称为G1期，G1期也不能合成DNA。

于是他们提出了细胞周期的概念，并首先证明间期是细胞周期中极为重要的一个阶段，发生着许多与细胞分裂有关的特殊生化事件。这一发现被以后的学者们用H–胸腺嘧啶核苷进行的类似研究所证实。

不同细胞的细胞周期持续时间（t/h）

细胞类型	分裂间期	分裂期	细胞周期
蚕豆根尖分生区细胞	15．3	2.0	17.3
小鼠十二指肠上皮细胞	13.5	1.8	15.3
人的肝细胞	21	1	22
人的宫颈癌细胞	20.5	1.5	22

“学”：学生阅读后，比较、思考问题。

（1）什么是细胞周期?

（2）细胞周期主要包括哪两个阶段?

（3）在显微镜下，我们观察到的大多数细胞处于细胞分裂的哪个时期?

“评”：通过对放射性同位素和放射性同位素标记法的了解和对不同细胞的细胞周期持续时间的比较，深化了对细胞周期概念的理解。明确了细胞周期主要包括分裂间期和分裂期，大多数细胞处于分裂间期。

“自我评价”：

1. 下列关于细胞周期的叙述，正确的是（　　）

A. 细胞周期是指细胞分裂期持续的时间

B. 细胞周期中分裂间期占90%~95%

C. 细胞周期的分裂期进行各种物质的准备

D. 各种细胞的细胞周期持续时间相同

教学经历 4

“教”：引导学生阅读教材 P111~112，仔细观察图6–2，说出分裂间期细胞内主要完成了哪些变化?

“学”：学生阅读、观察、思考讨论问题。

“评”：学生通过阅读书本信息结合观察有丝分裂间期模式图不难发现，分裂间期为分裂期进行活跃的物质准备，完成 DNA 分子的复制和有关蛋白质的合成。

“自我评价”：

1. 下图中,a → d 表示连续分裂的两个细胞周期。下列叙述错误的是（　）

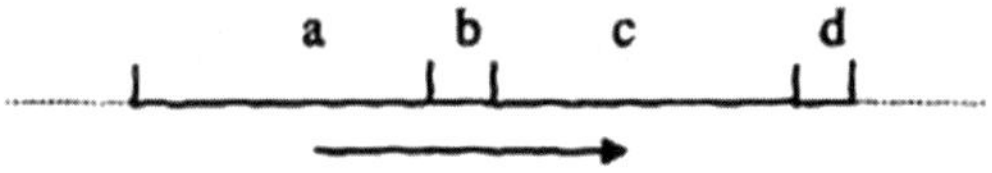

A. a 和 b 为一个细胞周期

B. c 段结束后 DNA 含量增加一倍

C. 遗传物质平均分配一般发生在 d 段

D. b 和 c 为一个细胞周期

2. 在细胞周期中，分裂间期为分裂期作物质准备。下列过程发生在有丝分裂间期的是（　）

A. DNA 复制　　B. 着丝点分裂　　C. 核膜解体　　D. 形成纺锤体

学习内容 3　有丝分裂

教学经历 5

“教”：引导学生阅读补充材料2，明确染色体和染色质的关系，着丝点和染色体的关系，学会染色体观察和计数。

补充材料2：染色质转变成染色体结构图如下。

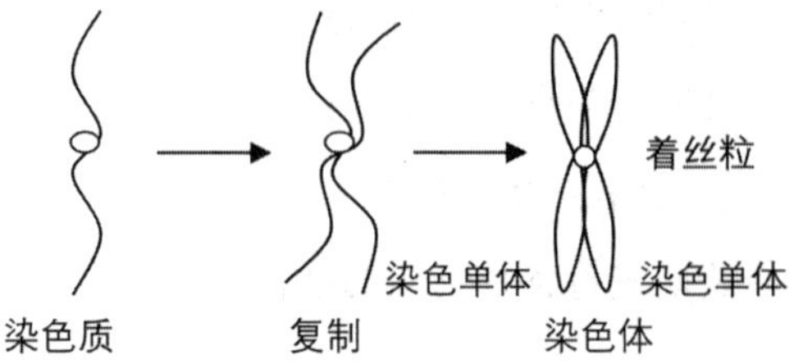

“学”：阅读教材P112~113的内容，小组分工合作，总结各时期特点，并选取一个时期，尝试构建植物细胞有丝分裂模型，共同完成相关表格。

	间期	前期	中期	后期	末期
染色体数					
DNA分子数					
姐妹染色单体数					
主要特征					

“评”：通过对补充材料2的分析，可以得出这样的结论——染色体的计数是以着丝粒为标准的，有几个着丝粒，就有几条染色体。在此基础上，有丝分裂各时期的主要特征也是可以轻松归纳得出的。

“自我评价”：

1. 在细胞有丝分裂过程中，染色体形态比较稳定、数目比较清晰的时期是（　　）

A. 间期　　B. 前期　　C. 中期　　D. 后期

2. 在有丝分裂过程中，着丝粒分裂发生在（　　）

A. 间期　　B. 前期　　C. 中期　　D. 后期

教学经历6

“教”：引导学生在学习了有丝分裂过程后，以小组为单位，编制有丝分裂各时期特征口诀，并进行交流。

“学”：通过对有丝分裂过程中各时期特征的了解，尝试编制有丝分裂各时期特征口诀。

“评”：有丝分裂各时期口诀编制基于对有丝分裂各时期特征的了解和熟悉。可用连线题进行自我评价。

“自我评价”：连线有丝分裂各时期的特征。

间期　染色体恢复为染色质，纺锤体消失，核膜、核仁重新出现

前期　染色体形态稳定、数目清晰，着丝点排列在赤道板上

中期 染色质变成染色体，染色体散乱排布在纺锤体中央，核仁、核膜逐渐解体

后期 着丝点分裂，姐妹染色单体分开，形成子染色体，染色体数目加倍

末期 完成 DNA 复制和有关蛋白质合成，细胞适度生长

教学经历 7

“教”：播放动物细胞有丝分裂动画，观察动物细胞有丝分裂特点。

“学”：观看动画后，思考、讨论。

（1）动物细胞的有丝分裂与植物细胞的相比，在染色体的行为、染色体和 DNA 数量的变化等方面有什么共同的规律？

（2）动物细胞有丝分裂过程与植物细胞的有什么不同？

（3）细胞有丝分裂的重要意义是什么？

“评”：学生通过观察动画，不难发现，动物细胞有丝分裂过程，与植物细胞基本相同。不同的特点体现在前期和末期。

“自我评价”：

关于动物细胞和高等植物细胞有丝分裂的叙述，正确的是（　　）

A. 有丝分裂前期，动物细胞进行中心体的复制，高等植物细胞不含中心体

B. 有丝分裂中期，均含有染色单体

C. 有丝分裂后期，两者的着丝粒均在纺锤丝的牵引下分裂

D. 有丝分裂末期，动物细胞不形成赤道板，高等植物细胞形成赤道板

【知识建构】

- 细胞增殖
  - 有丝分裂（产生体细胞）—— 细胞周期
    - 间期：DNA 复制和有关蛋白质合成
    - 前期：核膜解体、核仁消失，出现染色体和纺锤体
    - 中期：染色体形态数目清晰
    - 后期：着丝粒分裂，染色单体分离移向两极（染色体数目加倍）
    - 末期：核膜、核仁重新出现，细胞一分为二
  - 无丝分裂
  - 减数分裂（产生生殖细胞）

编写：连云港市新浦中学　周　玲

修订：江苏省天一中学　张永辉

课题2　观察根尖分生组织细胞的有丝分裂

【学习目标】

1. 通过观察有丝分裂图像，认同有丝分裂对维持染色体数目稳定的重要性（侧重生命观念）

2. 能制作根尖分生区细胞的有丝分裂装片，使用高倍显微镜观察有丝分裂过程，绘制植物细胞有丝分裂简图，达成熟练运用工具展开观察，并运用科学形式记录和描述实验结果（侧重科学探究）

3. 通过观察的有丝分裂图像识别不同时期，通过整体视野细胞图像比较不同时期的时间长短，培养判断分析、归纳概括和整体思维的能力（侧重科学思维）

【评价任务】

1. 制作根尖分生区细胞的有丝分裂装片（指向学习目标2）

2. 高倍显微镜观察有丝分裂图像，识别不同时期（指向学习目标1、3）

3. 绘制植物细胞有丝分裂简图（指向学习目标2）

【教学经历】

学习内容1　实验材料的选择

教学经历1

“教”：教材中呈现了洋葱根尖细胞有丝分裂的显微照片，同学们想不想亲眼见一见真实的细胞增殖的过程呢？今天我们来尝试制作植物分生组织的临时装片并借助显微镜进行观察。首先我们来思考一下实验材料的问题。

“学”：要观察植物细胞有丝分裂现象，应选择植物的哪个部位？学生结合已有经验，思考并回答以下问题。

问题1：具有分裂能力的细胞存在于植物体的哪些部位？

①根尖分生区细胞　②叶表皮细胞　③根尖成熟区细胞　④茎形成层

问题2：实验的最佳选材部位是哪里？为什么？

问题3：怎样得到我们所选择的材料？

问题4：取到根尖，是否可以直接进行观察？

"评"：学生学习了理论，希望观察到客观存在的分裂图像，本实验的实践增加学生对细胞分裂过程的感性认识。通过讨论学生明确在高等植物体内，有丝分裂常见于根尖、芽尖等分生区细胞中。

"自我评价"：

1. 选用根尖分生组织为材料来观察染色体行为变化的主要原因是（D）

A. 细胞较大　B. 细胞数目较多　C. 细胞处于同一分裂期　D. 细胞分裂较旺盛

学习内容2　有丝分裂装片的制作流程

教学经历2

"教"：要观察细胞内染色体的形态和分布，我们首先要制作细胞分散效果较好的临时装片，该如何制作呢？请同学们自主学习教材中"装片的制作"，思考相关问题。

"学"：自主学习教材中"装片的制作"，思考并回答。

问题1：如何使组织中的细胞相互分离开？具体的化学试剂是什么？

问题2：解离后的根尖为什么要进行漂洗？

问题3：如何在显微镜下清晰地观察到染色质（体）的形态和数量？

问题4：制片时，要使细胞分散开，需采取哪些措施？

"评"：对于实验操作的流程的理解有助于实验操作的成功。通过原理分析，关注每一步操作的注意点，可以提高实验成功的概率。

"自我评价"：下列关于"观察根尖分生组织细胞的有丝分裂"实验的叙述，正确的是（D）

①解离的目的是用药液使组织细胞彼此分离开

②漂洗的目的是洗去药液，防止解离过度

③用龙胆紫染液是为了将染色体染成紫色

④压片可将根尖细胞压成单层，使之不相互重叠

⑤当看到一个中期细胞时，要注意观察它是如何进入后期、末期，以观

察它从中期至末期发生的变化

A. ①② B. ③④⑤ C. ①⑤ D. ①②③④

学习内容3 实践：有丝分裂装片的制作与观察

教学经历3

“教”：引导学生按照制片的流程，规范操作。低倍镜观察时先找到分生区细胞，再转换到高倍镜仔细观察。提醒学生注意：①低倍镜下寻找到分生区细胞很关键；②低倍镜转换到高倍镜的规范操作。调节显微镜的放大倍数，统计各时期细胞数，记录实验数据。

“学”：（1）学生动手实践，制作有丝分裂临时装片。（2）观察洋葱根尖细胞有丝分裂装片：先用低倍镜找到分生区细胞，再换到高倍镜仔细观察，首先找到分裂中期的细胞，然后找到前期、后期、末期的细胞，注意观察各时期细胞内染色体形态和分布的特点。最后观察分裂间期的细胞。绘出植物细胞有丝分裂中期简图。

思考：

问题1：如何找到分生区？低倍镜下分生区细胞有什么特点？

问题2：如何从低倍镜转换到高倍镜观察？

（3）调节显微镜的放大倍数，视野中同时看到约50个细胞，仔细统计视野中处于各时期的细胞数，记录在记录表的“样本1”中。把视野移动到分生区一个新的区域再统计，然后记录在记录表的“样本2”中。对数据进行整理，填写实验数据记录表（表略）。

“评”：学生动手实践，观察真实的细胞分裂过程，增加感性认识。实践过程中学生参与思考、观察、动手、记录和交流，发展科学素养。

“自我评价”：判断下列细胞所处的分裂时期并按细胞周期进行排序。

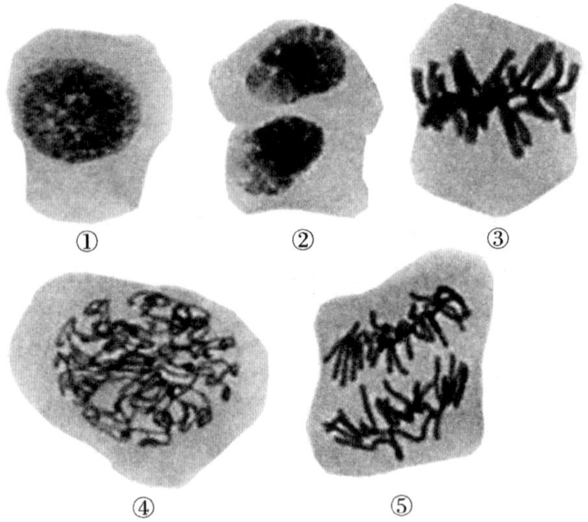

①间期　　②末期　　③中期　　④前期　　⑤后期

学习内容 4　实验结果分析

教学经历 4

“教”：引导学生对实验结果分析讨论。

“学”：学生思考讨论，回答以下问题。

（1）在你的观察结果中，处于哪一时期的细胞最多？为什么？

（2）如果一个视野中无法看到有丝分裂全部的分裂相，应该如何操作才能寻找到不同的分裂相？

（3）如何比较细胞周期中不同时期的时间长短？

“评”：通过结果讨论，巩固前面所学知识，拓展思维，引导学生根据各时期细胞数量占计数细胞总数的比例，推理出细胞周期中各时期所占的时间，发展科学思维。

“自我评价”：取生长健壮的小麦根尖，经过解离、漂洗、染色、制片等过程，制成临时装片，放在显微镜下观察。如果想要观察到细胞有丝分裂的前、中、后、末几个时期，应如何处理（C）

A. 应该选一个处于间期的细胞，持续观察它从间期到末期的全过程

B. 如果在低倍镜下看不到细胞，可改用高倍镜继续观察

C. 如果在一个视野中不能看全各个时期，可移动装片从周围细胞中寻找

D. 如果视野过暗，可以转动细准焦螺旋增加视野的亮度

【知识建构】

根尖培养 → 装片制作 → 显微观察

装片制作：

取材：取根尖 2~3mm ；

解离：使用 盐酸和酒精混合液（1 ∶ 1），处理时间为 3~5min，目的是 使组织中的细胞相互分离开来

漂洗：使用 清水 ，处理时间为 10min ，目的是 洗去解离液，防止解离过度，便于染色

染色：使用 龙胆紫或醋酸洋红 ，处理时间为 3~5min ，目的是 使染色体着色，便于观察

制片：镊子捣碎、盖载玻片后用拇指按压 处理使细胞分散成絮状

编写：苏州工业园区教师发展中心　季忠云

修订：江苏省天一中学　张永辉

课题 3　细胞的分化

【学习目标】

1. 通过比较不同细胞在形态、结构和功能方面发生的特异性变化，概括细胞分化的概念、特点和意义（侧重科学思维）

2. 通过分析不同种类细胞中基因的种类及表达情况，总结细胞分化的实质（侧重科学思维）

3. 通过自主学习教材资料、讨论交流总结细胞的全能性的概念，认识生命的独特性和复杂性（侧重生命观念）

4. 通过分析、讨论社会性议题和生物科学发展的资料，了解干细胞的特点，关注干细胞在医学上的应用，提升学生的社会责任意识（侧重生命观念、社会责任）

【评价任务】

1. 观察人类胚胎发育的过程图，形成对细胞分化的初步认识（指向学习目标 1）

2. 分别比较构成人体组织的细胞和植物的不同细胞，修正对细胞分化概念的理解（指向学习目标1）

3. 通过分析资料，提炼细胞分化的特点（指向学习目标1）

4. 联系社会分工，总结细胞分化的意义（指向学习目标1）

5. 分析成红细胞和肌细胞中的基因、蛋白质的存在情况，由小游戏类比细胞内的真实分化，借助模型探究细胞分化的实质（指向学习目标2）

6. 借助科学事实，有针对性地引导学生思考核心问题，并进一步解读细胞的全能性（指向学习目标3）

7. 分析生物科学发展和社会性议题的资料，了解诱导多能干细胞研究的价值，探讨治疗白血病的方案（指向学习目标4）

【教学经历】

学习内容1　概括细胞分化的概念

教学经历1

“教”：从一个受精卵到新生命诞生过程，细胞发生了哪些变化？产生的细胞都一样吗？请同学们观察人类胚胎发育的过程图，说说你对细胞分化的理解。

“学”：学生观察人类胚胎发育及细胞分裂分化的过程图，说一说对细胞分化的初步认识。

（1）人个体发育的起点是什么？

（2）一个受精卵是如何形成数目和种类众多的子代细胞的？

（3）指出图中你所理解的分裂和分化分别是哪一段？你判断的理由是什么？

“评”：通过生命的诞生引发思考，导入新课，让学生对细胞分化有初步的认知。

“自我评价”：

你对细胞分化的初步理解是什么？

教学经历2

“教”：请同学们观察构成人体组织的细胞示意图，想一想人体中不同细胞在形态、结构、功能上存在哪些差异呢?

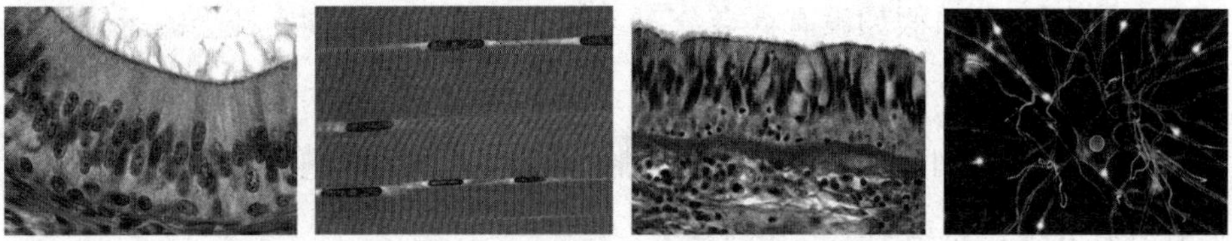

“学”: 学生观察教材中构成组织的细胞示意图，通过讨论交流，认识不同细胞在形态、结构和功能上存在的差异。

(1)这些细胞在形态、结构和功能上有什么不同?

(2)与动物一样，同一植物体中也存在各不相同的细胞。这些细胞在形态、结构和功能上又有什么不同?

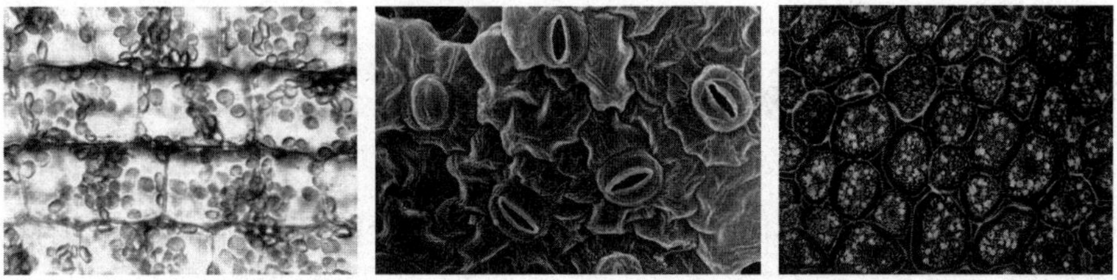

“评”: 从动植物两个层面上认识细胞分化在生物体中普遍存在，增加学生的感性认识，运用归纳、概括的方法，形成细胞分化的概念，锻炼学生的思维。

“自我评价”:

你修正后的细胞分化的概念是怎样的?

细胞分化是在个体发育中，由一个或一种细胞增殖产生的后代，在形态、结构和功能上发生稳定性差异的过程。

学习内容2　概括细胞分化的意义

教学经历3

“教”: 细胞分化是一种普遍的、稳定的、持久的渐变过程，那细胞分化对于生物体有什么意义呢?

“学”: 学生联系实际，讨论、总结细胞分化的意义。

(1)假如只有细胞分裂，没有细胞分化，受精卵会发育成一个完整个体吗？

（2）想一想，假如没有社会分工，每个人的职业相同，社会的运转情况如何？细胞内有没有类似的分工？

（3）试分析细胞分化后的神经细胞、红细胞和肌细胞的功能，对生物体有什么好处呢？总结细胞分化的意义。

“评”：联系实际，启发学生思维，培养学生的科学探究能力，提升学生合作学习的意识和能力。

“自我评价”：

细胞分化是生物界普遍存在的生命现象，它是个体发育的基础；细胞分化使多细胞生物体中的细胞趋向专门化，有利于提高生物体各种生理功能的效率。

学习内容 3　细胞分化的实质

教学经历 4

“教”：既然人体不同组织的细胞来自同一个受精卵，那他们为什么有这么大的差异呢？

“学”：学生以小组为单位，阅读资料，完成探究活动。

资料分析：斑马鱼不同细胞中基因数目和表达基因的数目如下表。

器官或细胞	含有的基因数目（个）	表达的基因数目（个）
眼睛	相同，2~2.5 万	1932
唾液腺		186
皮肤		3043
甲状腺		2381
血细胞		23505
心脏		9400

（1）控制蛋白质合成的一段 DNA 就是一个基因，基因控制蛋白质的合成，即基因的表达。从基因的角度尝试解释，为什么不同种类细胞的蛋白质不完

全相同？

（2）根据提供的模型，尝试对细胞分化的实质作出解释。

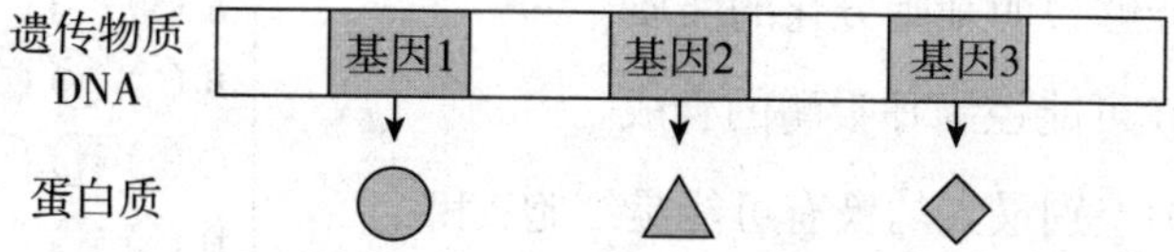

同一生物体的不同细胞，遗传物质相同，在个体发育过程中，不同种类的细胞中遗传信息的表达情况不同。

细胞分化的实质：基因的选择性表达。

类比细胞内的真实情况：成红细胞与肌细胞如何分化？

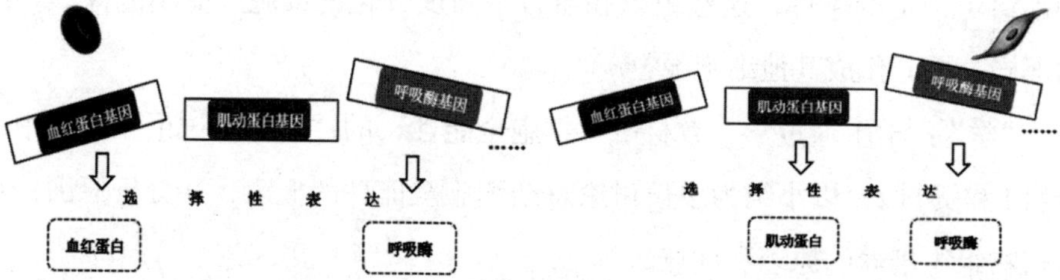

分化过程中遗传物质未改变，细胞分化是部分基因开放，部分基因关闭，形成的蛋白质不同所造成的，不同细胞基因的表达“不完全相同”而不是“完全不相同”。

“评”：通过设计针对性的问题，将问题焦点集中在“细胞分化是因为细胞内蛋白质不同，还是遗传物质不同”这个问题上，驱动学生深度探究。

“自我评价”：填写下列细胞分裂与细胞分化的区别和联系的表格。

项目		细胞分裂	细胞分化
不同点	细胞数量	增加	不变
	形态、结构、功能	相同	发生差异
相同点	遗传物质都不变		
联系	①先分裂，后分化； ②细胞分裂是分化的基础，共同完成生物发育过程； ③一般分化程度越高，分裂能力越低。		

【例1】如图表示同一个体的5种体细胞中5种基因的表达情况，下列分析错误的是（ C ）

A. 此图能够说明细胞分化的实质

B. 基因B可能控制呼吸酶的合成

C. 细胞中差别最大的极有可能是细胞2和4

D. 一般来说，这5种细胞的核遗传物质相同

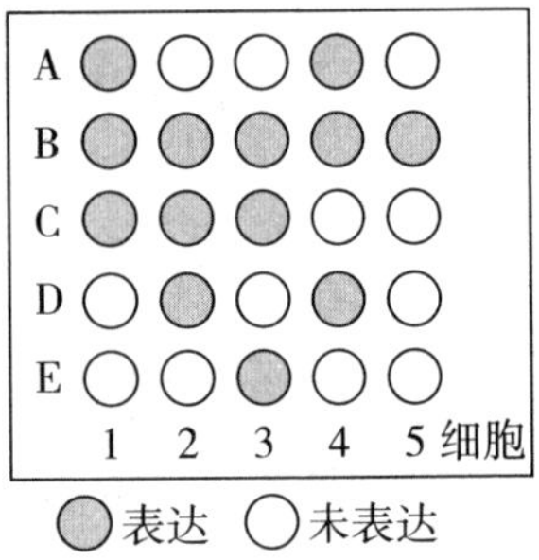

学习内容4 细胞的全能性

教学经历5

“教”：早期胚胎通过细胞分裂和分化逐渐发育，形成各种组织和器官。如果给予一定的条件，这些组织和器官中高度分化的细胞，能不能像早期胚胎那样，再分化成其他细胞呢？

“学”：学生通过学习教材中“细胞全能性”的“思考·讨论”活动中的资料1和资料2，以小组为单位讨论总结细胞全能性的概念，并分析原因；总结植物组织培养的原理和优点。

阅读教材P120的资料，并回答问题。

（1）观察胡萝卜组培过程示意图回答问题：实验材料有什么特点？该实验需要哪些条件？该实验结果说明什么？非洲爪蟾实验与植物组织培养过程有什么不同？

（2）比较这两个实验的共同之处，这两个实验分别证明了什么？

（3）分化后的细胞为什么还能发育成完整个体？为什么把这种能力称为“潜能”？

（4）联系实际，想一想这两个实验有什么应用价值？

“评”：通过引导学生自主学习教材和小组讨论，培养学生运用比较和归纳的科学方法对实验结果进行分析的能力。

“自我评价”：

细胞全能性知识点填空。

1. 细胞全能性的概念：细胞经分裂和分化后，仍然具有产生 完整有机体 或分化成 其他各种细胞的潜能和特性 。没有分化的细胞，如受精卵、动

物和人体的早期胚胎细胞、植物的分生组织细胞也具有全能性。

2. 全能性的基础：细胞分化后，仍然拥有与受精卵相同的、能发育成<u>完整个体</u>的全套基因。

3. 细胞的全能性比较：

实验证明高度分化的植物细胞具有<u>全能性</u>；

非洲爪蟾实验和克隆羊等科学实验证明高度分化的动物细胞的<u>细胞核</u>具有全能性。

全能性有大小，随着分裂和分化的进行，细胞分裂和分化的能力降低。植物细胞＞动物细胞，受精卵＞生殖细胞＞体细胞。

4. 应用：植物组织培养，<u>快速繁殖花卉</u>和蔬菜；培养微型观赏植株；拯救<u>珍稀濒危物种</u>；克隆人体器官用于<u>器官移植</u>。

教学经历 6

“教”：在人和动物体内还有没有能够继续分裂和分化的细胞呢？它们被称为什么细胞？

“学”：学生阅读、分析资料，明确骨髓干细胞的作用，讨论白血病产生的原因及治疗方法。

阅读资料，回答问题。

资料1：2012年10月8日，格登与山中伸弥因诱导多能干细胞（induced pluripotent stem cells，iPS cells）获得诺贝尔生理学和医学奖。诱导多能干细胞最初是日本人山中申弥于2006年利用病毒载体将四个转录因子（Oct4，Sox2，Klf4和c-Myc）的组合转入分化的体细胞中，使其重新进行编程而得到的类似胚胎干细胞的一种细胞类型。随后世界各地不同科学家陆续发现采用其他方法同样也可以制造这种细胞。

资料2：白血病是造血干细胞因为增殖失控、分化障碍、凋亡受阻等机制在骨髓和其他造血组织中大量增殖累积，并浸润其他非造血组织和器官，同时抑制正常造血功能的疾病。临床表现包括不同程度的贫血、出血、感染发热以及肝、脾、淋巴结肿大和骨骼疼痛。据报道，我国各地区白血病的发病率在各种肿瘤中占第六位。

（1）根据资料1，你能说说诱导多能干细胞的研究蕴含的价值吗？

（2）根据资料2，针对白血病治疗的困难，和你的同伴讨论治疗白血病的方案。

（3）为什么本节课开始时播放的视频里的孩子选择的治疗方案是化疗而不是骨髓移植呢？

“评”：以生活实例创设情境，把枯燥抽象的知识具体化，促使学生学以致用，形成珍爱生命的理念，提升社会责任意识和能力。

“自我评价”：

下图表示的是人体造血干细胞在离体条件下，经诱导形成神经细胞和肝细胞的过程。下列有关叙述正确的是（ C ）

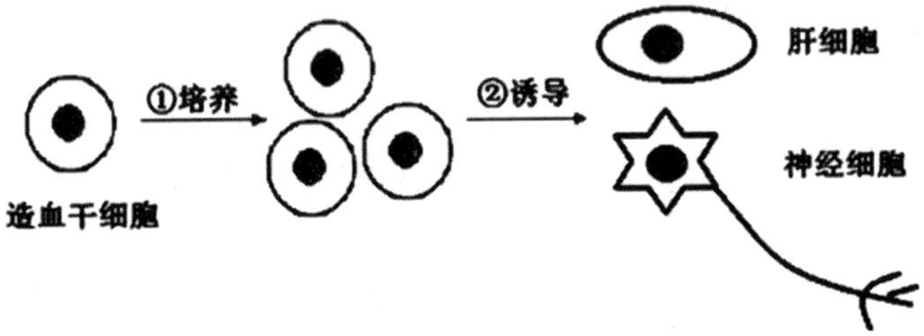

A. 该图说明造血干细胞具有全能性

B. 图中各细胞的遗传信息的执行情况相同

C. ①过程中可发生 DNA 复制

D. ②过程的实质是基因数量的变化

【知识建构】

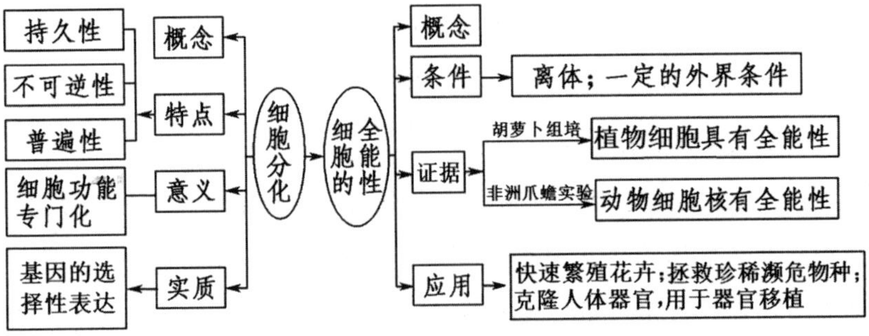

编写：江苏省泰兴中学　殷俊才

修订：江阴市教师发展中学　崔敏霞

参考文献

［1］(美) 布鲁斯 · 乔伊斯，玛莎 · 韦尔，艾米莉 · 卡尔霍恩 . 教学模式（第八版）［M］. 兰英，等译 . 北京：中国人民大学出版社，2014.

［2］钟启泉，汪霞，王文静 . 课程与教学论［M］. 上海：华东师范大学出版社，2008.

［3］钟毅平，叶茂林. 认知心理学高级教程［M］. 合肥：安徽人民出版社，2010.

［4］汪玲，郭德俊 . 元认知的本质与要素［J］. 心理学报，2000（4）.

［5］Sternberg R J. Encyclopedia of Human Intelligence：Vol. 2［M］. London：Macm illan Publishing House，1994.

［6］陈英和 . 认知发展心理学［M］. 杭州：浙江人民出版社，1996：313–315.

［7］陈廷华 . 教学组织新形态：高中生物 “工程坊”［J］. 中学生物教学，2020（4）.

［8］中华人民共和国教育部 . 普通高中生物学课程标准：2017 年版［M］. 北京：人民教育出版社，2018.

［9］［美］SAWYER R K. 创造性：人类创新的科学［M］. 帅宝国，等译 . 上海：华东师范大学出版社，2013.

［10］刘恩山，曹保义，教育部基础教育课程教材专家工作委员会组织 . 普通高中生物学课程标准（2017 年版解读）［M］. 北京：高等教育出版社，2018.

［11］夏雪梅 . 项目化学习设计：学习素养视角下的国际与本土实践［M］. 北京：教育科学出版社，2018.

［12］［美］马西娅·C·林，［以］巴特－舍瓦·艾伦．学科学和教科学［M］．裴新宁，刘新阳，等译．上海：华东师范大学出版社，2016.

［13］崔允漷．课程—教学—学习［M］．上海：东师范大学课程与教学研究所所长崔允漷教授学术讲座，2018.

［14］Kuhn D.Science as Argument：Implications for Teaching and Learning Scientific Thinking［J］.Science Education，1993，77（3）：319–337.

［15］陈廷华．“教—学—评一致性”教学设计的基本路径［J］．生物学教学，2020（9）．

［16］崔允漷．学历案：学生立场的教案变革［N］．中国教育报，2016-06-09（6）．

［17］［法］梅洛一庞蒂．知觉现象学［M］．姜志辉，译．北京：商务印书馆，2001.

后　记

生物学课程的根本任务是提高学生终身发展所需的学科核心素养，而深化科学探究实践教学，推行“具身创造式学习”是落实学科核心素养的有效举措，也是凸显学生在真实情境和实际作业中的思维品质与创造力训练，促进学生从实践体验走向学习创造的新型学习模式。

“具身创造式学习”模式是在学习、借鉴国内外专家学者关于教学模式的相关理论的基础上，在教学成果的实践、推广、创新、突破中凝练总结而成的。通过总结实践经验，初步形成了相对稳定的教学活动的整体结构框架，构建了相应的“教－学－评”一致性国家课程学习体系，开发实施了强化学生高阶思维的学习方式和认知策略，形成了有特色、可推广的具体活动程序与实施路径。“具身创造式学习”贴合时代特点，有效组织学生经历有意义的学习实践活动，进行深度学习，开展思维训练，实现了心智转换、创新创造，促进了学生核心素养的全面提升。

本书呈现的人教版高中生物学必修1《分子与细胞》“具身创造式学习”创新教学设计案例，是在专家指导下，由2019年江苏省高中生物名师工作室30名优秀骨干教师编写，并经工作室成员进行了集中研讨，逐一论证形成的，重点对教学目标、编写内容、呈现方式、评价内容和形式、知识建构等进行讨论。每一个案例都进行了教学实践的验证，论证实际效果和可行性，在实践检验的基础上，再组织专家进行修改完善，凝聚了集体的智慧。期望本书能为新课标、新教材、新高考背景下的高中生物课堂教学变革提供实践参考。

由于本书作者是普通的一线中学教师，理论水平有限，更多的是学习和借鉴，按照学术规范，凡引用论文、论著均注明出处，但难免有遗漏与不当之处，敬请原作者监督、批评、谅解，并联系本书作者改正（联系电话：18912388681）！另外，本书作者觉得把“具身创造式学习”称之为教学模式并不十分妥当，它很不成熟，尚未算得上是一种模式，修改、提升空间很大，敬请广大读者批评指正。

陈廷华

无锡市辅仁高级中学

2021年2月